Ausführliches Verzeichniß der

Guttentag'schen Sammlung

Deutscher Reichs- und Preußischer Gesetze

Text-Ausgaben mit Anmerkungen, Taschenformat

welches alle wichtigeren Gesetze in absolut zuverlässigen Gesetzestexten und in mustergültiger Weise erläutert enthält, befindet sich hinter dem Sachregister.

Wegweiser

durch

das Aktienrecht,

nach dem Wortlaut
der seit dem 1. Januar 1900 gültigen Reichsgesetze

herausgegeben von

Dr. Max Wittenberg,
Dozent a. d. Humboldt-Akademie.

Berlin 1900.
J. Guttentag, Verlagsbuchhandlung,
G. m. b. H.

Vorwort.

Der Kreis der Interessenten an der Aktiengesellschaft erweitert sich immer mehr; die industrielle Konjunktur und die Steigerung der Ansprüche, die sich allgemein beobachten läßt, bieten den Anreiz zu zahlreichen Gründungen und zur Ausdehnung der bestehenden Unternehmen. Dadurch ist die Zahl und Bedeutung der an den Markt gelangenden Aktien in den letzten Jahren erheblich gewachsen. Trotzdem besteht unter Denjenigen, die für den Aktienerwerb in Betracht kommen, noch vielfach über den Gründungsvorgang selbst, über die Pflichten und Rechte der Organe der Aktiengesellschaft, die Stellung der Aktionäre, die Befugnisse der Generalversammlung u. s. w. eine bedauerliche Unklarheit, die u. A. dadurch veranlaßt sein dürfte, daß das Handelsgesetzbuch in seinen einzelnen Theilen, besonders auch aus Gründen redaktioneller Natur, von der strengen Durchführung einer systematischen Gliederung absehen mußte. Die einschlägigen Bestimmungen über ein und dasselbe Thema finden sich an verschiedenen Stellen verstreut, theilweise sogar in anderen Gesetzbüchern, von wo sie oft, wie sich gerade in Generalversammlungen zeigt, nur mühsam zusammengesucht werden können.

Um zur Beseitigung dieses Uebelstandes beizutragen, sind in den nachfolgenden Blättern die für die Aktiengesellschaft seit dem 1. Januar 1900 bestehenden reichsgesetzlichen Vorschriften in streng systematischer Anordnung zusammengestellt. So weit angängig, sind die Worte der Gesetze beibehalten; im Uebrigen sind die zusammengehörigen Bestimmungen der verschiedenen Paragraphen, falls sie sich nicht innerhalb desselben Abschnitts finden, derart verbunden, daß ein lästiges Nachschlagen überflüssig wird. Ein ausführliches Inhaltsverzeichniß sowie ein alphabetisches Sachregister dürften dem Laien den Gebrauch des Buches, das aus dem praktischen Bedürfniß herausgewachsen und für den praktischen Gebrauch bestimmt ist, erleichtern.

Citirmethode.

B.G.B. = Bürgerliches Gesetzbuch.
E. = Einführungsgesetz zum Handelsgesetzbuch.
W.-O. = Wechselordnung.

Die **fetten Ziffern** bezeichnen die Paragraphen des Handelsgesetzbuches.

Die in einfachem Druck gehaltenen und in Parenthese eingeschlossenen Ziffern zeigen an, daß die betreffenden Paragraphen des Handelsgesetzbuches in einer abgeänderten Form wiedergegeben sind.

Inhalt.

Erster Abschnitt.

Errichtung der Aktiengesellschaft.

Seite

a. Feststellung des Gesellschaftsvertrages 13
b. Sacheinlagen 14
c. Gründer. 14
d. Errichtung der Gesellschaft 14
e. Erster Aufsichtsrath 16
f. Gründungsbericht 16
g. Prüfung von Gründungsvorgängen 17
h. Anmeldung der Gesellschaft 19
i. Erste Generalversammlung 21
k. Verantwortlichkeit der Gründer 22
l. Verjährung der Ansprüche an die Gründer 24
m. Verzicht auf Gründungsansprüche 24
n. Geltendmachung von Gründungsansprüchen 25
o. Nachgründung 25
p. Gründungsvorvertrag 26
q. Abänderung des Gesellschaftsvertrages 27
r. Uebergangsbestimmung 27
s. Firma 27
t. Uebergangsbestimmung 28
u. Eintragung der Gesellschaft ins Handelsregister . . . 28

Seite
v. Veröffentlichung der Eintragung 28
w. Folgen der Eintragung 29
x. Zweigniederlassung 30
y. Aktiengesellschaft im Ausland 32
z. Stellung der Gesellschaft 32

Zweiter Abschnitt.

Das Grundkapital.

a. Höhe 32
b. Einzahlung 32
c. Erhöhung 32
d. Eintragung des Erhöhungsbeschlusses 34
e. Folgen der Erhöhung 36
f. Einziehung (Amortisation) von Aktien 36
g. Herabsetzung 37
h. Eintragung des Herabsetzungsbeschlusses 38
i. Folgen der Herabsetzung 38
k. Herabsetzung durch Kraftloserklärung von Aktien . . . 39

Dritter Abschnitt.

Die Aktie.

a. Eintheilung 40
b. Unterzeichnung 40
c. Betrag 40
d. Uebertragung 42
e. Interimsscheine 42
f. Eigene Aktien und Interimsscheine 43
g. Namenaktien und Inhaberaktien 43
h. Vorzugsaktien 46
i. Einlagen auf das Grundkapital 46
k. Zeichnung 47

Seite

l. Haftung 50
m. Umtausch 51
n. Fusion der Aktiengesellschaft 51
o. Kraftloserklärung 51
p. Verlust oder Vernichtung 52
q. Uebergangsbestimmungen 53
r. Einziehung (Amortisation) 53
s. Erneuerungsschein 54

Vierter Abschnitt.

Die Aktionäre.

a. Betheiligung 54
b. Verzeichniß 54
c. Solidarhaft 55
d. Kapitalleistung 55
e. Befreiung von Leistungen 55
f. Naturalleistung 55
g. Uebertragung der Antheilsrechte 56
h. Zurückforderung der Einlagen 57
i. Haftung und Verjährung derselben 57
k. Versäumniß der Einzahlung 57
l. Verlust der Antheilsrechte 57
m. Haftpflicht der Rechtsvorgänger 59
n. Aufrechnung von Leistungen 59
o. Rechte der Gesellschaftsgläubiger im Konkurs 60
p. Anspruch auf den Reingewinn 60
q. Art der Gewinnvertheilung 60
r. Bezug von Zinsen 60
s. Vergütung für wiederkehrende Leistungen 61
t. Bezugsrecht neuer Aktien 61
u. Uebergangsbestimmung 62

Seite
v. Verwaltungsrechte 62
w. Mitaktionäre 62

Fünfter Abschnitt.

Der Vorstand.

a. Zusammensetzung 63
b. Bestellung 63
c. Erster Vorstand 63
d. Willenserklärungen 63
e. Zeichnung der Unterschrift 65
f. Beschränkung der Vertretungsbefugniß 66
g. Bestellung von Prokuristen 66
h. Prüfung des Gründungsherganges 67
i. Gründungsansprüche 67
k. Geschäftsführung und Haftung 67
l. Konkurrenzverbot 69
m. Uebergangsbestimmung 70
n. Tantième 70
o. Stellvertreter 70
p. Bilanz 70
q. Reservefonds 72

Sechster Abschnitt.

Der Aufsichtsrat.

a. Zusammensetzung und Wahl 73
b. Erster Aufsichtsrath 73
c. Amtsperiode und Widerruf 74
d. Vertretung der Gesellschaft 75
e. Prüfung des Gründungsherganges 76
f. Gründungsansprüche 76
g. Ueberwachung der Verwaltung 76

Seite

h. Haftung und Verjährung derselben 77

i. Tantième 78

Siebenter Abschnitt.

Prokuristen, Handlungsbevollmächtigte, Handlungsgehülfen.

a. Prokuristen 79

b. Handlungsbevollmächtigte 79

c. Handlungsgehülfen 80

d. Konkurrenzverbot 80

Achter Abschnitt.

Die Generalversammlung.

a. Rechte der Aktionäre 81

b. Ordentliche Berufung 81

c. Außerordentliche Berufung 83

d. Gegenstand 85

e. Auslegung der Bilanz 85

f. Genehmigung der Bilanz 86

g. Mehrheit und Stimmrecht 86

h. Theilnehmerverzeichniß 88

i. Protokoll 88

k. Beseitigung von Mängeln 89

l. Revisoren 90

m. Minderheitsansprüche 91

n. Anfechtung von Beschlüssen durch Klage 93

o. Nichtigkeitserklärnng von Beschlüssen 95

Neunter Abschnitt.

Auflösung und Nichtigkeit der Aktiengesellschaft.

a. Auflösung 96

b. Liquidation 96

c. Liquidatoren 97

Seite
d. Vertheilung des Vermögens 100
e. Erlöschen der Firma 101
f. Nichtigkeit 101
g. Veräußerung des Vermögens im Ganzen 103
h. Fusion 104
i. Fortsetzung 107

Zehnter Abschnitt.

Strafvorschriften.

a. Vergehen der Gründer, der Mitglieder des Vorstandes und Aufsichtsrathes und der Liquidatoren . . . 107
b. Ausstellung und Benutzung falscher Bescheinigungen . 111
c. Stimmkauf 111
d. Mißbräuchliche Ausübung des Stimmrechts 111
e. Verhängung von Ordnungsstrafen 112

Erster Abschnitt.

Errichtung der Aktiengesellschaft.

182 Abs. 1, 2. Der Inhalt des Gesellschafts- a.
vertrags muß von mindestens fünf Personen, welche Aktien übernehmen, in gerichtlicher oder notarieller Verhandlung festgestellt werden. In der Verhandlung ist der Betrag und, wenn verschiedene Gattungen von Aktien ausgegeben werden, die Gattung der von Jedem übernommenen Aktien anzugeben.

Der Gesellschaftsvertrag muß bestimmen:

1. die Firma und den Sitz der Gesellschaft;
2. den Gegenstand des Unternehmens;
3. die Höhe des Grundkapitals und der einzelnen Aktien;
4. die Art der Bestellung und Zusammensetzung des Vorstandes;
5. die Form, in der die Berufung der Generalversammlung der Aktionäre geschieht;
6. die Form, in der die von der Gesellschaft ausgehenden Bekanntmachungen erfolgen.

186. Jeder zu Gunsten einzelner Aktionäre bedungene besondere Vortheil muß im Gesellschaftsvertrag unter Bezeichnung des Berechtigten festgesetzt werden.

b. Werden auf das Grundkapital von Aktionären Einlagen gemacht, die nicht durch Baarzahlung zu leisten sind, oder werden vorhandene oder herzustellende Anlagen oder sonstige Vermögensgegenstände von der zu errichtenden Gesellschaft übernommen, so müssen der Gegenstand der Einlage oder der Uebernahme, die Person, von welcher die Gesellschaft den Gegenstand erwirbt, und der Betrag der für die Einlage zu gewährenden Aktien oder die für den übernommenen Gegenstand zu gewährende Vergütung im Gesellschaftsvertrage festgesetzt werden.

Von diesen Festsetzungen gesondert ist der Gesammtaufwand, welcher zu Lasten der Gesellschaft an Aktionäre oder Andere als Enschädigung oder Belohnung für die Gründung oder deren Vorbereitung gewährt wird, im Gesellschaftsvertrage festzusetzen.

Jedes Abkommen über die verbezeichneten Gegenstände, welches nicht die vorgeschriebene Festsetzung im Gesellschaftsvertrage gefunden hat, ist der Gesellschaft gegenüber unwirksam.

c. **187**. Die Aktionäre, welche den Gesellschaftsvertrag festgestellt haben oder andere als durch Baarzahlung zu leistende Einlagen machen, gelten als die Gründer der Gesellschaft.

d. **188**. Uebernehmen die Gründer alle Aktien, so gilt mit der Uebernahme der Aktien die Gesellschaft als errichtet.

Soweit die Uebernahme nicht schon bei der Feststellung des Gesellschaftsvertrags erfolgt, kann sie in einer besonderen gerichtlichen oder notariellen Verhandlung unter Angabe der Beträge, welche die einzelnen Gründer noch übernehmen, bewirkt werden.

189. Uebernehmen die Gründer nicht alle Aktien, so hat der Errichtung der Gesellschaft die Zeichnung der übrigen Aktien vorherzugehen.

Die Zeichnung erfolgt durch schriftliche Erklärung, aus der die Betheiligung nach der Anzahl und, falls verschiedene Aktien ausgegeben werden, nach dem Betrag oder der Gattung der Aktien hervorgehen muß.

Die Erklärung (Zeichnungsschein) soll doppelt ausgestellt werden; sie hat zu enthalten:

1. den Tag der Feststellung des Gesellschaftsvertrags, die im §. 182 Abs. 2 und im §. 186 vorgesehenen Festsetzungen und, wenn mehrere Gattungen von Aktien mit verschiedener Berechtigung ausgegeben werden, den Gesammtbetrag einer jeden;
2. den Namen, Stand und Wohnort der Gründer;
3. den Betrag, für welchen die Ausgabe der Aktie stattfindet, und den Betrag der festgesetzten Einzahlungen;
4. den Zeitpunkt, in welchem die Zeichnung unverbindlich wird, sofern nicht bis dahin die Errichtung der Gesellschaft beschlossen ist.

Zeichnungsscheine, welche diesen Inhalt nicht

vollständig haben oder außer dem unter Nr. 4 bezeichneten Vorbehalte Beschränkungen in der Verpflichtung des Zeichners enthalten, sind nichtig. Erfolgt ungeachtet eines hiernach nichtigen oder wegen verspäteter Errichtung der Gesellschaft unverbindlichen Zeichnungsscheins die Eintragung der Gesellschaft in das Handelsregister, so ist der Zeichner wenn er auf Grund einer dem Abs. 2 entsprechenden Erklärung in der Generalversammlung, die zur Beschlußfassung über die Errichtung der Gesellschaft berufen wird, stimmt oder später als Aktionär Rechte ausübt oder Verpflichtungen erfüllt, der Gesellschaft wie aus einem gültigen Zeichnungsscheine verpflichtet.

Jede nicht in dem Zeichnungsschein enthaltene Beschränkung ist der Gesellschaft gegenüber unwirksam.

e. **190**. Uebernehmen die Gründer alle Aktien, so haben sie gleichzeitig mit der Errichtung der Gesellschaft oder in einer besonderen gerichtlichen oder notariellen Verhandlung den ersten Aufsichtsrath der Gesellschaft zu bestellen.

Uebernehmen die Gründer nicht alle Aktien, so haben sie nach der Zeichnung des Grundkapitals eine Generalversammlung zur Wahl des Aufsichtsraths zu berufen.

f. **191**. Die Gründer haben im Falle des §. 186 Abs. 2 in einer schriftlichen Erklärung die wesentlichen Umstände darzulegen, von welchen die Angemessenheit der für die eingelegten oder übernommenen Gegenstände gewährten Beträge abhängt. Sie haben hierbei die vorausgegangenen Rechtsgeschäfte, die auf den Erwerb durch die Gesellschaft hingezielt haben, ferner die Erwerbs- und Herstellungspreise ans den letzten beiden Jahren und im Falle des Ueberganges eines Unternehmens auf die Gesellschaft die Betriebserträgnisse aus den letzten beiden Geschäftsjahren anzugeben.

192. Die Mitglieder des Vorstandes und des Aufsichtsraths haben den Hergang der Gründung zu prüfen. g.

Gehört ein Mitglied des Vorstandes oder des Aufsichtsraths zu den Gründern oder hat sich ein Mitglied einen besonderen Vortheil oder für die Gründung oder deren Vorbereitung eine Entschädigung oder Belohnung ausbedungen oder liegt ein Fall des §. 186 Abs. 2 vor, so hat außerdem eine Prüfung durch besondere Revisoren stattzufinden.

Die Revisoren werden durch das für die Vertretung des Handelsstandes berufene Organ, in Ermangelung eines solchen durch das Gericht bestellt, in dessen Bezirke die Gesellschaft ihren Sitz hat.

193. Die Prüfung hat sich insbesondere auf die Richtigkeit und Vollständigkeit der Angaben zu erstrecken, die in Ansehung der Zeichnung und Einzahlung des Grundkapitals sowie in Ansehung der im §. 186 vorgesehenen Festsetzungen von den Gründern gemacht sind. Der Inhalt der im §. 191

bestimmten Erklärung ist auch in der Richtung zu prüfen, ob bezüglich der Angemessenheit der für die eingelegten oder übernommenen Gegenstände gewährten Beträge Bedenken obwalten.

Ueber die Prüfung ist unter Darlegung der im Abs. 1 bezeichneten Umstände schriftlich Bericht zu erstatten.

Sind die Revisoren durch das für die Vertretung des Handelstandes berufene Organ bestellt, so haben sie diesem ein Exemplar des Berichts einzureichen. Die Einsicht des eingereichten Berichts ist Jedem gestattet.

194. Ergeben sich zwischen den im §. 192 Abs. 2, 3 bezeichneten Revisoren und den Gründern Meinungsverschiedenheiten über den Umfang der von den Gründern zu gewährenden Aufklärungen und Nachweise, so entscheidet endgültig diejenige Stelle, von welcher die Revisoren ernannt sind. Solange sich die Gründer weigern, der Entscheidung nachzukommen, unterbleibt die Erstattung des Prüfungsberichts.

Die Revisoren haben Anspruch auf Ersatz angemessener baarer Auslagen und auf Vergütung für ihre Thätigkeit. Die Auslagen und die Vergütung werden durch die im Abs. 1 bezeichnete Stelle festgesetzt.

266. Die Generalversammlung kann mit einfacher Stimmenmehrheit die Bestellung von Revisoren zur Prüfung von Vorgängen bei der Gründung beschließen.

Ist in der Generalversammlung ein Antrag auf Bestellung von Revisoren zur Prüfung eines Vorganges bei der Gründung abgelehnt worden, so können auf Antrag von Aktionären, deren Antheile zusammen den zehnten Theil des Grundkapitals erreichen, Revisoren durch das Gericht in dessen Bezirke die Gesellschaft ihren Sitz hat, ernannt werden.

Dem Antrag ist nur stattzugeben, wenn glaubhaft gemacht wird, daß bei dem Vorgang Unredlichkeiten oder grobe Verletzungen des Gesetzes oder des Gesellschaftsvertrages stattgefunden haben. Die Antragsteller haben die Aktien bis zur Entscheidung über den Antrag zu hinterlegen und glaubhaft zu machen, daß sie seit mindestens sechs Monaten, von der Generalversammlung zurückgerechnet, Besitzer der Aktien sind.

Vor der Ernennung sind der Vorstand und der Aufsichtsrath zu hören. Die Ernennung kann auf Verlangen von einer Sicherheitsleistung abhängig gemacht werden.

195 Abs. 1, 2, 3, 5. Die Gesellschaft ist bei dem Gericht, in dessen Bezirke sie ihren Sitz hat, von sämmtlichen Gründern und Mitgliedern des Vorstandes und des Aufsichtsraths zur Eintragung in das Handelsregister anzumelden. h.

Der Anmeldung sind beizufügen:

1. der Gesellschaftsvertrag und die im §. 182 Abs. 1 und im §. 188 Abs. 2 bezeichneten Verhandlungen;

2. im Falle des §. 186 die Verträge, welche den dort bezeichneten Festsetzungen zu Grunde liegen oder zu ihrer Ausführung geschlossen sind, die im §. 191 vorgesehene Erklärung und eine Berechnung des der Gesellschaft zur Last fallenden Gründungsaufwandes, in der die Vergütungen nach Art und Höhe und die Empfänger einzeln aufzuführen sind;
3. wenn nicht alle Aktien von den Gründern übernommen sind, zum Nachweise der Zeichnung des Grundkapitals die Duplikate der Zeichnungsscheine und ein von den Gründern unterschriebenes Verzeichniß aller Aktionäre, welches die auf jeden entfallenden Aktien sowie die auf die letzteren geschehenen Einzahlungen angiebt;
4. die Urkunden über die Bestellung des Vorstandes und des Aufsichtsraths;
5. die gemäß §. 193 Abs. 2 erstatteten Berichte nebst ihren urkundlichen Grundlagen sowie im Falle des §. 193 Abs. 3 die Bescheinigung, daß der Prüfungsbericht der Revisoren bei dem zur Vertretung des Handelsstandes berufenen Organ eingereicht ist;
6. wenn der Gegenstand des Unternehmens der staatlichen Genehmigung bedarf, sowie in den Fällen des §. 180 Abs. 2 die Genehmigungsurkunde.

In der Anmeldung ist die Erklärung abzugeben,

daß auf jede Aktie, soweit nicht andere als durch Baarzahlung zu leistende Einlagen bedungen sind, der eingeforderte Betrag baar eingezahlt und im Besitze des Vorstandes ist. Der Betrag, zu welchem die Aktien ausgegeben werden, und der hierauf baar eingezahlte Betrag sind anzugeben; dieser muß mindestens ein Viertheil des Nennbetrags und im Falle der Ausgabe von Aktien für einen höheren als den Nennbetrag auch den Mehrbetrag umfassen. Als Baarzahlung gilt nur die Zahlung in deutschem Gelde, in Reichskassenscheinen sowie in gesetzlich zugelassenen Noten deutscher Banken.

Die der Anmeldung beigefügten Schriftstücke werden bei dem Gericht in Urschrift oder in beglaubigter Abschrift aufbewahrt.

196. Haben die Gründer nicht alle Aktien über- i.
nommen, so beruft das im §. 195 bezeichnete Gericht eine Generalversammlung der in dem Verzeichniß aufgeführten Aktionäre zur Beschlußfassung über die Errichtung der Gesellschaft.

Die Versammlung findet unter der Leitung des Gerichts statt.

Der Vorstand und der Aufsichtsrath haben sich über die Ergebnisse der ihnen in Ansehung der Gründung obliegenden Prüfung auf Grund der im §. 193 Abs. 2 bezeichneten Berichte und ihrer urkundlichen Grundlagen zu erklären. Jedes Mitglied des Vorstandes und des Aufsichtsraths kann bis zur Beschlußfassung die Unterzeichnung der Anmeldung zurückziehen.

Die der Errichtung der Gesellschaft zustimmende Mehrheit muß mindestens ein Viertheil aller in dem Verzeichniß aufgeführten Aktionäre umfassen; der Betrag ihrer Antheile muß mindestens ein Viertheil des gesammten Grundkapitals darstellen. Auch wenn diese Mehrheit erreicht wird, gilt die Errichtung als abgelehnt, sofern hinsichtlich eines Theiles der Aktionäre die Voraussetzungen des §. 186 vorliegen und sich die Mehrheit der von anderen Aktionären abgegebenen Stimmen gegen die Errichtung erklärt.

Die Zustimmung aller erschienenen Aktionäre ist erforderlich, wenn die im §. 182 Abs. 2 Nr. 1 bis 4, im §. 183, im §. 184 Abs. 2 sowie die im §. 185 bezeichneten Bestimmungen des Gesellschaftsvertrags abgeändert oder die im §. 186 vorgesehenen Festsetzungen zu Lasten der Gesellschaft erweitert werden sollen. Dasselbe gilt, wenn die Dauer der Gesellschaft über die im Gesellschaftsvertrage bestimmte Zeit verlängert oder die im Gesellschaftsvertrage für Beschlüsse der Generalversammlung vorgesehenen erschwerenden Erfordernisse beseitigt werden sollen.

Die Beschlußfassung ist zu vertagen, wenn es von den Aktionären mit einfacher Stimmenmehrheit verlangt wird.

k. **202**. Der Gesellschaft sind die Gründer für die Richtigkeit und Vollständigkeit der Angaben, welche sie in Ansehung der Zeichnung und Einzahlung des Grundkapitals sowie in Ansehung der im §. 186 vorgesehenen Festsetzungen zum Zwecke der Eintragung der Gesellschaft in das Handelsregister machen, als Gesammtschuldner verhaftet; sie haben, unbeschadet der Verpflichtung zum Ersatze des sonst etwa entstehenden Schadens, insbesondere einen an der Zeichnung des Grundkapitals fehlenden Betrag zu übernehmen, fehlende Einzahlungen zu leisten und eine Vergütung, die nicht unter den zu bezeichnenden Gründungsaufwand aufgenommen ist, zu ersetzen. Wird die Gesellschaft von Gründern durch Einlagen oder Uebernahmen der im §. 186 bezeichneten Art böslicherweise geschädigt, so sind ihr alle Gründer für den Ersatz des entstehenden Schadens als Gesammtschuldner verpflichtet.

Von dieser Verbindlichkeit ist ein Gründer befreit, wenn er die Unrichtigkeit oder Unvollständigkeit der Angabe oder die bösliche Schädigung weder kannte noch bei Anwendung der Sorgfalt eines ordentlichen Geschäftsmanns kennen mußte.

Entsteht durch Zahlungsunfähigkeit eines Aktionärs der Gesellschaft ein Ausfall, so sind ihr die Gründer, welche die Betheiligung des Aktionärs in Kenntniß seiner Zahlungsunfähigkeit angenommen haben, als Gesammtschuldner zum Ersatze verpflichtet.

Mit den Gründern sind der Gesellschaft zum Schadensersatz als Gesammtschuldner verpflichtet:

1. wenn eine Vergütung nicht unter den zu be=

zeichnenden Gründungsaufwand aufgenommen ist, der Empfänger, welcher zur Zeit des Empfanges wußte oder nach den Umständen annehmen mußte, daß die Verheimlichung beabsichtigt oder erfolgt war, und jeder Dritte, welcher zur Verheimlichung wissentlich mitgewirkt hat;

2. im Falle einer böslichen Schädigung durch Einlagen oder Uebernahmen jeder Dritte, welcher zu dieser Schädigung wissentlich mitgewirkt hat.

l. (206.) Die Ansprüche der Gesellschaft gegen die nach §. 202 verpflichteten Personen verjähren in fünf Jahren von der Eintragung der Gesellschaft in das Handelsregister an.

m. **205**. Vergleiche oder Verzichtleistungen, welche die der Gesellschaft aus der Gründung zustehenden Ansprüche gegen die nach §. 202 verpflichteten Personen betreffen, sind erst nach dem Ablaufe von fünf Jahren seit der Eintragung der Gesellschaft in das Handelsregister und nur mit Zustimmung der Generalversammlung zulässig; sie sind unzulässig, soweit in der Versammlung eine Minderheit, deren Antheile den fünften Theil des Grundkapitals darstellen, Widerspruch erhebt. Die zeitliche Beschränkung findet keine Anwendung, sofern sich der Verpflichtete im Falle der Zahlungsunfähigkeit zur Abwendung oder Beseitigung des Konkursverfahrens mit seinen Gläubigern vergleicht.

(268 Abs. 1, 2.) Die Ansprüche der Gesellschaft n.
aus der Gründung gegen die nach §. 202 verpflichteten Personen müssen geltend gemacht werden, wenn es in der Generalversammlung mit einfacher Stimmenmehrheit beschlossen oder von einer Minderheit, deren Antheile den zehnten Theil des Grundkapitals erreichen, verlangt wird.

Ist die Geltendmachung des Anspruchs von der Minderheit verlangt, so können die von dieser bezeichneten Personen durch das Gericht des Sitzes der Gesellschaft als deren Vertreter zur Führung des Rechtsstreites bestellt werden.

270. Bezüglich eines Anspruchs, dessen Geltendmachung die Minderheit auf Grund der Vorschrift des §. 268 Abs. 1 verlangt hat, ist ein Verzicht oder ein Vergleich der Gesellschaft nur dann zulässig, wenn von den die Minderheit bildenden Aktionären so viele zustimmen, daß die Aktien der übrigen nicht mehr den zehnten Theil des Grundkapitals darstellen.

207. Verträge der Gesellschaft, nach denen sie o.
vorhandene oder herzustellende Anlagen, die dauernd zu ihrem Geschäftsbetriebe bestimmt sind, oder unbewegliche Gegenstände für eine den zehnten Theil des Grundkapitals übersteigende Vergütung erwerben soll, bedürfen zu ihrer Wirksamkeit der Zustimmung der Generalversammlung, falls sie vor dem Ablaufe von zwei Jahren seit der Eintragung der Gesellschaft in das Handelsregister geschlossen werden.

Vor der Beschlußfassung hat der Aufsichtsrath den Vertrag zu prüfen und über die Ergebnisse seiner Prüfung schriftlich Bericht zu erstatten.

Der Beschluß, durch welchen dem Vertrage die Zustimmung ertheilt wird, bedarf einer Mehrheit, die mindestens drei Viertheile des bei der Beschlußfassung vertretenen Grundkapitals umfaßt. Wird der Vertrag im ersten Jahre nach der Eintragung der Gesellschaft ist das Handelsregister geschlossen, so müssen außerdem die Antheile der zustimmenden Mehrheit mindestens ein Viertheil des gesammten Grundkapitals darstellen.

Nach erfolgter Zustimmung der Generalversammlung hat der Vorstand den Vertrag in Urschrift oder in öffentlich beglaubigter Abschrift mit dem Berichte des Aufsichtsraths nebst dessen urkundlichen Grundlagen zum Handelsregister einzureichen. Zum Handelsregister einer Zweigniederlassung findet die Einreichung nicht statt.

Bildet der Erwerb von Grundstücken den Gegenstand des Unternehmens, so finden auf einen solchen Erwerb die Vorschriften der Abs. 1 bis 4 keine Anwendung. Das Gleiche gilt für den Erwerb von Grundstücken im Wege der Zwangsversteigerung.

§. **208.** Erwirbt die Gesellschaft vor dem Ablaufe der im §. 207 Abs. 1 bezeichneten Frist Vermögensgegenstände in Ausführung einer vor ihrer Eintragung in das Handelsregister von Gründern getroffenen Vereinbarung, so kommen in Betreff der

Rechte der Gesellschaft auf Entschädigung und in Betreff der ersatzpflichtigen Personen die Vorschriften der §§. 202, 205, 206 zur Anwendung.

(274.) Eine Abänderung des Gesellschaftsvertrags kann nur durch die Generalversammlung beschlossen werden. Die Vornahme von Aenderungen, die nur die Fassung betreffen, kann durch Beschluß der Generalversammlung dem Aufsichtsrath übertragen werden. q.

In der Ankündigung der Generalversammlung soll die beabsichtigte Aenderung des Gesellschaftsvertrags nach ihrem wesentlichen Inhalt erkennbar gemacht werden.

(275 Abs. 1, 2.) Für eine Abänderung des Gegenstandes des Unternehmens muß eine Mehrheit von mindestens drei Viertheilen des bei der Beschlußfassung in der Generalversammlung vertretenen Grundkapitals erreicht sein; der Gesellschaftsvertrag kann noch andere Erfordernisse aufstellen.

(23 E.) Auf die Errichtung einer Aktiengesellschaft, die vor dem Inkrafttreten des Handelsgesetzbuchs zur Eintragung in das Handelsregister angemeldet ist, finden die bisherigen Vorschriften Anwendung, sofern vor diesem Zeitpunkte die Voraussetzungen erfüllt sind, an deren Nachweis die bisherigen Vorschriften die Eintragung knüpfen. r.

(182.) Den Gesellschaftsvertrag muß die Firma der Gesellschaft bestimmen. s.

(20.) Die Firma einer Aktiengesellschaft ist in der

Regel von dem Gegenstande des Unternehmens zu entlehnen; die Firma hat außerdem die Bezeichnung „Aktiengesellschaft" zu enthalten.

t. (22 E.) Die zur Zeit des Inkrafttretens des Handelsgesetzbuchs im Handelsregister eingetragenen Firmen können weitergeführt werden, soweit sie nach den bisherigen Vorschriften geführt werden durften.

Die Vorschriften des §. 20 des Handelsgesetzbuchs über die in die Firma der Aktiengesellschaften aufzunehmenden Bezeichnungen finden jedoch auf die bei dem Inkrafttreten des Handelsgesetzbuchs für eine solche Gesellschaft in das Handelsregister eingetragene Firma Anwendung, wenn die Firma aus Personennamen zusammengesetzt ist und nicht erkennen läßt, daß eine Aktiengesellschaft die Inhaberin ist.

u. **198**. Bei der Eintragung der Gesellschaft in das Handelsregister sind die Firma und der Sitz der Gesellschaft, der Gegenstand des Unternehmens, die Höhe des Grundkapitals, der Tag der Feststellung des Gesellschaftsvertrags und die Mitglieder des Vorstandes anzugeben.

Enthält der Gesellschaftsvertrag besondere Bestimmungen über die Zeitdauer der Gesellschaft oder über die Befugniß der Mitglieder des Vorstandes oder der Liquidatoren zur Vertretung der Gesellschaft, so sind auch diese Bestimmungen einzutragen.

v. **199**. In die Veröffentlichung, durch welche die Eintragung bekannt gemacht wird, sind außer dem Inhalte der Eintragung aufzunehmen:

1. die sonstigen im §. 182 Abs. 2, 3 und in den §§. 183, 185, 186 bezeichneten Festsetzungen;
2. der Betrag, zu welchem die Aktien ausgegeben werden;
3. der Name, Stand und Wohnort der Gründer und die Angabe, ob sie die sämmtlichen Aktien übernommen haben;
4. der Name, Stand und Wohnort der Mitglieder des ersten Aufsichtsraths.

Zugleich ist bekannt zu machen, daß von den mit der Anmeldung der Gesellschaft eingereichten Schriftstücken, insbesondere von dem Prüfungsberichte des Vorstandes, des Aufsichtsraths und der Revisoren, bei dem Gericht Einsicht genommen werden kann. Im Falle des §. 193 Abs. 3 ist ferner bekannt zu machen, daß von dem Prüfungsberichte der Revisoren auch bei dem zur Vertretung des Handelsstandes berufenen Organ Einsicht genommen werden kann.

182 Abs. 3. Bekanntmachungen, die durch öffentliche Blätter erfolgen sollen, sind in den Deutschen Reichsanzeiger einzurücken. Andere Blätter außer diesem bestimmt der Gesellschaftsvertrag.

200. Vor der Eintragung in das Handels- w.
register des Sitzes der Gesellschaft besteht die Aktiengesellschaft als solche nicht. Wird vorher im Namen der Gesellschaft gehandelt, so haftet der Handelnde persönlich; handeln Mehrere, so haften sie als Gesammtschuldner.

Die Antheilsrechte können vor der Eintragung der Gesellschaft in das Handelsregister mit Wirksamkeit gegenüber der Gesellschaft nicht übertragen, Aktien oder Interimsscheine können vorher nicht ausgegeben werden.

15. Solange eine in das Handelsregister einzutragende Thatsache nicht eingetragen und bekannt gemacht ist, kann sie von demjenigen, in dessen Angelegenheiten sie einzutragen war, einem Dritten nicht entgegengesetzt werden, es sei denn, daß sie diesem bekannt war.

Ist die Thatsache eingetragen und bekannt gemacht worden, so muß ein Dritter sie gegen sich gelten lassen, es sei denn, daß er sie weder kannte noch kennen mußte.

x. Für den Geschäftsverkehr mit einer in das Handelsregister eingetragenen Zweigniederlassung ist im Sinne dieser Vorschriften die Eintragung und Bekanntmachung durch das Gericht der Zweigniederlassung entscheidend.

(201 Abs. 1—4.) Die Anmeldung der Gesellschaft zur Eintragung in das Handelsregister eines Gerichts, in dessen Bezirke sie eine Zweigniederlassung besitzt, ist durch sämmtliche Mitglieder des Vorstandes zu bewirken.

Der Anmeldung ist der Gesellschaftsvertrag in Urschrift oder in öffentlich beglaubigter Abschrift beizufügen.

Die Eintragung hat die im §. 198 bezeichneten Angaben zu enthalten.

In die Veröffentlichung, durch welche die Eintragung bekannt gemacht wird, sind außer dem Inhalte der Eintragung auch die sonstigen im §. 182 Abs. 2, 3 und in den §§. 183, 185 bezeichneten Festsetzungen aufzunehmen. Erfolgt die Eintragung innerhalb der ersten zwei Jahre, nachdem die Gesellschaft in das Handelsregister ihres Sitzes eingetragen worden ist, so sind alle im §. 199 bezeichneten Angaben zu veröffentlichen; in diesem Falle ist der Anmeldung ein Exemplar der für den Sitz der Gesellschaft ergangenen gerichtlichen Bekanntmachung beizufügen.

277. Die Abänderung des Gesellschaftsvertrags ist zur Eintragung in das Handelsregister anzumelden. Soweit sich nicht aus den nachfolgenden Vorschriften ein Anderes ergiebt, ist die Anmeldung durch den Vorstand zu bewirken.

Bei der Eintragung genügt, soweit nicht die Abänderung die im § 198 bezeichneten Angaben betrifft, die Bezugnahme auf die bei dem Gericht eingereichten Urkunden über die Abänderung. Die öffentliche Bekanntmachung findet in Betreff aller Bestimmungen statt, auf welche sich die in den §§. 199, 201 vorgeschriebenen Veröffentlichungen beziehen.

Die Abänderung hat keine Wirkung, bevor sie bei dem Gericht, in dessen Bezirke die Gesellschaft ihren Sitz hat, in das Handelsregister eingetragen worden ist.

y. Befindet sich der Sitz der Gesellschaft im Auslande, so ist das Bestehen der Aktiengesellschaft als solcher und, sofern der Gegenstand des Unternehmens oder die Zulassung zum Gewerbebetrieb im Inlande der staatlichen Genehmigung bedarf, auch diese mit der Anmeldung nachzuweisen. Die Angaben, deren öffentliche Bekanntmachung nach §. 201 Abs. 4 zu erfolgen hat, sind in die Anmeldung aufzunehmen.

z. **210**. Die Aktiengesellschaft als solche hat selbständig ihre Rechte und Pflichten; sie kann Eigenthum und andere dingliche Rechte an Grundstücken erwerben, vor Gericht klagen und verklagt werden.

Die Aktiengesellschaft gilt als Handelsgesellschaft, auch wenn der Gegenstand des Unternehmens nicht in dem Betrieb eines Handelsgewerbes besteht.

Zweiter Abschnitt.

Das Grundkapital.

a. (182.) Der Gesellschaftsvertrag muß die Höhe des Grundkapitals bestimmen.

b. (195.) Bei Anmeldung der Gesellschaft muß auf Aktien mindestens ein Viertheil des Nennbetrages baar eingezahlt sein.

c. (278 Abs. 1, 2.) Eine Erhöhung des Grundkapitals durch Ausgabe neuer Aktien soll nicht vor der vollen Einzahlung des bisherigen Kapitals erfolgen. Für Versicherungsgesellschaften kann im

Gesellschaftsvertrag ein Anderes bestimmt werden. Durch Rückstände, die auf einen verhältnißmäßig unerheblichen Theil der eingeforderten Einzahlung verblieben sind, wird die Erhöhung des Grundkapitals nicht gehindert.

Sind mehrere Gattungen von Aktien mit verschiedener Berechtigung vorhanden, so bedarf es neben dem Beschlusse der Generalversammlung eines in gesonderter Abstimmung gefaßten Beschlusses der Aktionäre jeder Gattung; auf diese Beschlußfassung finden die nachstehenden Vorschriften Anwendung.

(275 Abs. 1, 3.) In Ermangelung einer anderen Bestimmung des Gesellschaftsvertrages bedürfen die in § 278 Abs. 1, 2 bezeichneten Beschlüsse der Generalversammlung einer Mehrheit, die mindestens drei Viertheile des bei der Beschlußfassung vertretenen Grundkapitals umfaßt.

Die Beschlußfassung der benachtheiligten Aktionäre kann nur stattfinden, wenn sie ausdrücklich unter den Zwecken der Generalversammlung angekündigt worden ist.

(278 Abs. 3.) Sollen die auf die Kapitalserhöhung entfallenden neuen Aktien für einen höheren als den Nennbetrag ausgegeben werden, so ist der Mindestbetrag, unter dem die Ausgabe nicht erfolgen soll, in dem Beschluß über die Erhöhung des Grundkapitals festzusetzen.

(279.) Wird auf das erhöhte Grundkapital eine Einlage gemacht, die nicht durch Baarzahlung zu leisten ist, oder wird auf eine Einlage eine Vergütung für Vermögensgegenstände angerechnet, welche die Gesellschaft übernimmt, so müssen der Gegenstand der Einlage oder der Uebernahme, die Person, von welcher die Gesellschaft den Gegenstand erwirbt, und der Betrag der für die Einlage zu gewährenden Aktien oder die für den übernommenen Gegenstand zu gewährende Vergütung in dem Beschluß über die Erhöhung des Grundkapitals festgesetzt werden.

Jedes Abkommen dieser Art, welches nicht die vorgeschriebene Festsetzung in dem Beschlusse der Generalversammlung gefunden hat, ist der Gesellschaft gegenüber unwirksam.

d. **280.** Der Beschluß über die Erhöhung des Grundkapitals ist von sämmtlichen Mitgliedern des Vorstandes und des Aufsichtsraths zur Eintragung in das Handelsregister anzumelden.

In der Anmeldung ist die Versicherung abzugeben, daß das bisherige Grundkapital eingezahlt ist oder, soweit die Einzahlung nicht stattgefunden hat, daß darauf weitere als die in der Anmeldung bezeichneten Beträge nicht rückständig sind.

(284 Abs. 1—3.) Die erfolgte Erhöhung des Grundkapitals ist von sämmtlichen Mitgliedern des Vorstandes und des Aufsichtsraths zur Eintragung in das Handelsregister anzumelden.

Der Anmeldung sind beizufügen:

1. die Duplikate der Zeichnungsscheine und ein von den Mitgliedern des Vorstandes unter-

schriebenes Verzeichniß der Zeichner, welches die auf jeden entfallenen Aktien sowie die auf die letzteren geschehenen Einzahlungen angiebt;
2. im Falle des §. 279 die Verträge, welche den dort bezeichneten Festsetzungen zu Grunde liegen oder zu ihrer Ausführung geschlossen sind;
3. eine Berechnung der für die Gesellschaft durch die Ausgabe der neuen Aktien entstehenden Kosten;
4. wenn die Erhöhung des Grundkapitals mit Rücksicht auf den Gegenstand des Unternehmens der staatlichen Genehmigung bedarf, sowie in den Fällen des §. 180 Abs. 2 die Genehmigungsurkunde.

Die nachstehenden Vorschriften finden hierbei Anwendung.

195 Abs. 3. In der Anmeldung ist die Erklärung abzugeben, daß auf jede Aktie, soweit nicht andere als durch Baarzahlung zu leistende Einlagen bedungen sind, der eingeforderte Betrag baar eingezahlt und im Besitze des Vorstandes ist. Der Betrag, zu welchem die Aktien ausgegeben werden, und der hierauf baar eingezahlte Betrag sind anzugeben; dieser muß mindestens ein Viertheil des Nennbetrags und im Falle der Ausgabe von Aktien für einen höheren als den Nennbetrag auch den Mehrbetrag umfassen. Als Baarzahlung gilt nur die Zahlung in deutschem Gelde, in Reichskassenscheinen sowie in gesetzlich zugelassenen Noten deutscher Banken.

(284 Abs. 3, 4.) Die der Anmeldung der erfolgten Erhöhung des Grundkapitals beigefügten Schriftstücke werden bei dem Gericht in Urschrift oder in beglaubigter Abschrift aufbewahrt.

In die Veröffentlichung, durch welche die Eintragung bekannt gemacht wird, ist auch der Betrag, zu welchem die Aktien ausgegeben werden, aufzunehmen.

285. Die Anmeldung und Eintragung der erfolgten Erhöhung des Grundkapitals kann mit der Anmeldung und Eintragung des Beschlusses über die Erhöhung verbunden werden.

e. **287.** Bevor die erfolgte Erhöhung des Grundkapitals in das Handelsregister eingetragen ist, können Aktien und Interimsscheine auf das zu erhöhende Kapital nicht ausgegeben werden.

Die Antheilsrechte an dem zu erhöhenden Kapitale können vor diesem Zeitpunkte mit Wirksamkeit gegenüber der Gesellschaft nicht übertragen werden.

286. Bei einem Gericht, in dessen Bezirke die Gesellschaft eine Zweigniederlassung hat, sind die in den §§. 280, 284 bezeichneten Anmeldungen zur Eintragung in das Handelsregister durch den Vorstand zu bewirken. Die Vorschrift des §. 284 Abs. 5 findet Anwendung; die Vorschriften des §. 280 Abs. 2 und des §. 284 Abs. 2 bis 4 bleiben außer Anwendung.

f. **227.** Die Einziehung (Amortisation) von Aktien kann nur erfolgen, wenn sie im Gesellschaftsvertrag angeordnet oder gestattet ist. Die Bestimmung muß in dem ursprünglichen Gesellschaftsvertrag oder durch eine vor der Zeichnung der Aktien bewirkte Aenderung des Gesellschaftsvertrags getroffen sein, es sei denn, daß die Einziehung nicht mittelst Auslosung, Kündigung oder in ähnlicher Weise, sondern mittelst Ankaufs der Aktien geschehen soll.

Jede Art der Einziehung darf, sofern sie nicht nach den für die Herabsetzung des Grundkapitals maßgebenden Vorschriften stattfindet, nur aus dem nach der jährlichen Bilanz verfügbaren Gewinn erfolgen.

288. Eine Herabsetzung des Grundkapitals kann nur mit einer Mehrheit beschlossen werden, die mindestens drei Viertheile des bei der Beschlußfassung vertretenen Grundkapitals umfaßt. Der Gesellschaftsvertrag kann noch andere Erfordernisse aufstellen. g.

Durch den Beschluß muß zugleich festgesetzt werden, zu welchem Zwecke die Herabsetzung stattfindet, insbesondere, ob sie zur theilweisen Rückzahlung des Grundkapitals an die Aktionäre erfolgt, und in welcher Weise die Maßregel auszuführen ist.

Sind mehrere Gattungen von Aktien mit verschiedener Berechtigung vorhanden, so bedarf es neben dem Beschlusse der Generalversammlung eines in gesonderter Abstimmung gefaßten Beschlusses der Aktionäre jeder Gattung; auf diese Beschlußfassung findet die Vorschrift des Abs. 1 Anwendung. Die Beschlußfassung der benachtheiligten Aktionäre kann nur stattfinden, wenn sie ausdrücklich unter den Zwecken der Generalversammlung angekündigt worden ist.

h. **289**. Der Beschluß über die Herabsetzung des Grundkapitals ist von sämmtlichen Mitgliedern des Vorstandes zur Eintragung in das Handelsregister anzumelden.

Der Vorstand hat unter Hinweis auf die beschlossene Herabsetzung des Grundkapitals nach der Eintragung des Beschlusses die Gläubiger der Gesellschaft aufzufordern, ihre Ansprüche anzumelden. Die Aufforderung ist dreimal in den Gesellschaftsblättern zu veröffentlichen. Bekannte Gläubiger sind durch besondere Mittheilung zur Anmeldung aufzufordern.

i. Den Gläubigern, deren Forderungen vor der letzten öffentlichen Aufforderung begründet sind, ist Befriedigung zu gewähren oder Sicherheit zu leisten, sofern sie sich zu diesem Zwecke melden.

Zahlungen an die Aktionäre dürfen auf Grund der Herabsetzung des Grundkapitals erst erfolgen, nachdem seit dem Tage, an welchem die im Abs. 1 vorgeschriebene öffentliche Aufforderung zum dritten Male stattgefunden hat, ein Jahr verstrichen ist und nachdem die Gläubiger, die sich gemeldet haben, befriedigt oder sichergestellt worden sind. Eine durch die Herabsetzung bezweckte Befreiung der Aktionäre von der Verpflichtung zur Leistung von

Einlagen auf die Aktien tritt nicht vor dem bezeichneten Zeitpunkt in Wirksamkeit.

(290 Abs. 1, 2.) Ist zur Ausführung der Herab- k.
setzung des Grundkapitals eine Verminderung der Zahl der Aktien durch Umtausch, Stempelung oder durch ein ähnliches Verfahren vorgesehen, so kann die Gesellschaft die Aktien, welche trotz erfolgter Aufforderung nicht bei ihr eingereicht sind, für kraftlos erklären. Das Gleiche gilt in Ansehung eingereichter Aktien, welche die zum Ersatze durch neue Aktien erforderliche Zahl nicht erreichen und der Gesellschaft nicht zur Verwerthung für Rechnung der Betheiligten zur Verfügung gestellt sind.

(219 Abs. 2.) Die Aufforderung zur Einreichung der Aktien hat die Androhung der Kraftloserklärung zu enthalten. Die Kraftloserklärung kann nur erfolgen, wenn die Aufforderung bekannt gemacht ist; sie geschieht mittelst Bekanntmachung in den Gesellschaftsblättern.

Die Aufforderung muß dreimal in den Gesellschaftsblättern bekannt gemacht werden; die erste Bekanntmachung muß mindestens drei Monate, die letzte Bekanntmachung mindestens einen Monat vor dem Ablauf der für die Einreichung gesetzten Nachfrist erfolgen.

290 Abs. 3. Die an Stelle der für kraftlos erklärten Aktien auszugebenden neuen Aktien sind für Rechnung der Betheiligten durch die Gesellschaft zum Börsenpreis und in Ermangelung eines solchen durch öffentliche Versteigerung zu verkaufen. Der Erlös ist den Betheiligten auszuzahlen oder, sofern die Berechtigung zur Hinterlegung vorhanden ist, zu hinterlegen.

Die erfolgte Herabsetzung des Grundkapitals ist von sämmtlichen Mitgliedern des Vorstandes zur Eintragung in das Handelsregister anzumelden.

Dritter Abschnitt.

Die Aktie.

(178.) Das Grundkapital der Gesellschaft ist in Aktien zerlegt.

179 Abs. 1, 2. Die Aktien sind untheilbar.

a. Sie können auf den Inhaber oder auf Namen lauten.

b. **181.** Zur Unterzeichnung von Aktien und Interimsscheinen genügt eine im Wege der mechanischen Vervielfältigung hergestellte Namensunterschrift. Die Gültigkeit der Unterzeichnung kann durch eine in die Urkunde aufgenommene Bestimmung von der Beobachtung einer besonderen Form abhängig gemacht werden.

c. **180 Abs. 1.** Die Aktien müssen auf einen Betrag von mindestens eintausend Mark gestellt werden.

(24 E.) Sind die Aktien einer bestehenden Aktiengesellschaft oder Kommanditgesellschaft auf Aktien

gemäß den vor dem Inkrafttreten des Gesetzes vom 18. Juli 1884 (Reichs-Gesetzbl. S. 123) in Geltung gewesenen Vorschriften auf einen geringeren Betrag als eintausend Mark gestellt, so bleiben im Falle einer Zusammenlegung oder sonstigen Umwandlung dieser Aktien die Vorschriften des §. 180 Abs. 1 des Handelsgesetzbuchs außer Anwendung. Der Nennbetrag der Aktien darf jedoch nicht herabgesetzt werden.

Wird das Grundkapital einer bestehenden Aktiengesellschaft oder Kommanditgesellschaft auf Aktien durch Ausgabe neuer Aktien erhöht, so finden die Vorschriften des §. 180 Abs. 1 des Handelsgesetzbuchs auf die neuen Aktien Anwendung, auch wenn die Ausgabe mittelst Umwandlung von Aktien der im Abs. 1 bezeichneten Art geschieht.

Diese Vorschriften gelten auch für Interimsscheine.

180 Abs. 2, 3. Für ein gemeinnütziges Unternehmen kann im Falle eines besonderen örtlichen Bedürfnisses der Bundesrath die Ausgabe von Aktien, die auf Namen lauten, zu einem geringeren, jedoch mindestens zweihundert Mark erreichenden Betrage zulassen. Die gleiche Genehmigung kann ertheilt werden, wenn für ein Unternehmen das Reich, ein Bundesstaat oder ein Kommunalverband oder eine sonstige öffentliche Körperschaft auf die Aktien einen bestimmten Ertrag bedingungslos und ohne Zeitbeschränkung gewährleistet hat.

Auf Namen lautende Aktien, deren Uebertragung an die Zustimmung der Gesellschaft gebunden ist, dürfen auf einen Betrag von weniger als eintausend, jedoch nicht von weniger als zweihundert Mark gestellt werden.

209. Aktien oder Interimsscheine, die auf einen geringeren als den nach §. 180 zulässigen Betrag gestellt werden, sind nichtig. Die Ausgeber haften den Besitzern für den durch die Ausgabe verursachten Schaden als Gesammtschuldner.

Das Gleiche gilt im Falle der Ausgabe von Interimsscheinen, die auf den Inhaber lauten, sowie im Falle der Ausgabe von Aktien oder Interimsscheinen vor der Eintragung der Gesellschaft in das Handelsregister.

d. **222 Abs. 4**. Zur Uebertragung von Aktien, die gemäß §. 180 Abs. 3 auf einen Betrag von weniger als eintausend Mark gestellt sind, ist die Zustimmung des Aufsichtsraths und der Generalversammlung erforderlich. Die Uebertragung dieser Aktien kann nur mittelst einer die Person des Erwerbers bezeichnenden, gerichtlich oder notariell beglaubigten Erklärung erfolgen.

(180 Abs. 4, 5.) Im Falle des Abs. 2 des §. 180 soll die ertheilte Genehmigung, im Falle des Abs. 3 des §. 180 sollen die Beschränkungen, denen nach §. 222 Abs. 4 die Aktionäre in Ansehung der Uebertragung ihrer Rechte unterliegen, in den Aktien ersichtlich gemacht werden.

e. Die vorstehenden Vorschriften (§. 180 Abs. 1—4 und §. 222 Abs. 4) gelten auch für Interimsscheine.

226. Die Aktiengesellschaft soll eigene Aktien im regelmäßigen Geschäftsbetriebe, sofern nicht eine Kommission zum Einkauf ausgeführt wird, weder erwerben noch zum Pfande nehmen. f.

Eigene Interimsscheine kann sie im regelmäßigen Geschäftsbetrieb auch in Ausführung einer Einkaufskommission weder erwerben noch zum Pfande nehmen. Das Gleiche gilt von eigenen Aktien, auf welche der Nennbetrag oder, falls der Ausgabepreis höher ist, dieser noch nicht voll geleistet ist.

179 Abs. 3. Aktien, die vor der vollen Leistung des Nennbetrags oder, falls der Ausgabepreis höher ist, vor der vollen Leistung dieses Betrags ausgegeben werden, dürfen nicht auf den Inhaber lauten. Das Gleiche gilt von Antheilscheinen, die den Aktionären vor der Ausgabe der Aktien ausgestellt werden (Interimsscheine). g.

183. Ist im Gesellschaftsvertrage nichts darüber bestimmt, ob die Aktien auf den Inhaber oder auf Namen lauten sollen, so sind sie auf Namen zu stellen.

Im Gesellschaftsvertrage kann bestimmt werden, daß auf Verlangen des Aktionärs die Umwandlung seiner auf Namen lautenden Aktie in eine Inhaberaktie oder umgekehrt stattzufinden hat.

179 Abs. 4. Werden auf Namen lautende Aktien vor der vollen Leistung der Einzahlungen ausgegeben, so ist der Betrag der geleisteten Einzahlungen in den Urkunden anzugeben.

222 Abs. 1, 2, 4. Auf Namen lautende Aktien sind mit genauer Bezeichnung des Inhabers nach Namen, Wohnort und Stand in das Aktienbuch der Gesellschaft einzutragen.

Sie können, soweit nicht der Gesellschaftsvertrag ein Anderes bestimmt, ohne Zustimmung der Gesellschaft auf Andere übertragen werden.

Zur Uebertragung von Aktien, die gemäß §. 180 Abs. 3 auf einen Betrag von weniger als eintausend Mark gestellt sind, ist die Zustimmung des Aufsichtsraths und der Generalversammlung erforderlich. Die Uebertragung dieser Aktien kann nur mittelst einer die Person des Erwerbers bezeichnenden, gerichtlich oder notariell beglaubigten Erklärung erfolgen.

223 Abs. 1, 3. Geht eine auf Namen lautende Aktie auf einen Anderen über, so ist dies, unter Vorlegung der Aktie und des Nachweises des Ueberganges, bei der Gesellschaft anzumelden und im Aktienbuche zu vermerken.

Im Verhältnisse zu der Gesellschaft gilt nur derjenige als Aktionär, welcher als solcher im Aktienbuche verzeichnet ist.

222 Abs. 3. Die Uebertragung kann durch Indossament geschehen. In Betreff der Form des Indossaments, in Betreff der Legitimation des Inhabers und in Betreff seiner Verpflichtung zur Herausgabe finden die Vorschriften der Artikel 11 bis 13, des Artikel 36 Satz 1 bis 4 und des Artikel 74 der Wechselordnung entsprechende Anwendung.

(11 W.=O.) Das Indossament muß auf den Wechsel, eine Copie desselben oder ein mit dem Wechsel oder der Copie verbundenes Blatt (Alonge) geschrieben werden.

(12 W.=O.) Ein Indossament ist gültig, wenn der Indossant auch nur seinen Namen oder seine Firma auf die Rückseite des Wechsels oder der Kopie, oder auf die Alonge schreibt (Blanko=Indossament).

(13 W.=O.) Jeder Inhaber eines Wechsels ist befugt, die auf demselben befindlichen Blanko=Indossamente auszufüllen; er kann den Wechsel aber auch ohne diese Ausfüllung weiter indossiren.

(36 W.=O.) Der Inhaber eines indossirten Wechsels wird durch eine zusammenhängende, bis auf ihn hinuntergehende Reihe von Indossamenten als Eigenthümer des Wechsels legitimirt. Das erste Indossament muß demnach mit dem Namen des Remittenten, jedes folgende Indossament mit dem Namen desjenigen unterzeichnet sein, welcher das unmittelbar vorhergehende Indossament als Indossator benennt. Wenn auf ein Blanko=Indossament ein weiteres Indossament folgt, so wird angenommen, daß der Aussteller des letzteren den Wechsel durch das Blanko=Indossament erworben hat. Ausgestrichene Indossamente werden bei Prüfung der Legitimation als nicht geschrieben angesehen.

(74 W.=O.) Der nach den Bestimmungen des Art. 36 legitimirte Besitzer eines Wechsels kann nur dann zur Herausgabe desselben angehalten werden,

wenn er den Wechsel in bösem Glauben erworben hat oder ihm bei Erwerbung des Wechsels eine grobe Fahrlässigkeit zur Last fällt.

223 Abs. 2. Die Echtheit der auf der Aktie befindlichen Indossamente oder der Abtretungserklärungen zu prüfen, ist die Gesellschaft nicht verpflichtet.

224. Die Vorschriften der §§. 222, 223 finden auch auf die Eintragung der Interimsscheine und deren Uebergang auf Andere Anwendung.

h. (182 Abs. 1.) In der gerichtlichen oder notariellen Verhandlung über den Inhalt des Gesellschaftsvertrages ist, wenn verschiedene Gattungen von Aktien ausgegeben werden, die Gattung der von Jedem übernommenen Aktien anzugeben.

185. Im Gesellschaftsvertrage können für einzelne Gattungen von Aktien verschiedene Rechte, insbesondere in Betreff der Viertheilung des Gewinns oder des Gesellschaftsvermögens, festgesetzt werden.

186 Abs. 1, 4, 2. Jeder zu Gunsten einzelner Aktionäre bedungene besondere Vortheil muß im Gesellschaftsvertrage unter Bezeichnung des Berechtigten festgesetzt werden.

Jedes derartige Abkommen, welches nicht die vorgeschriebene Festsetzung im Gesellschaftsvertrage gefunden hat, ist der Gesellschaft gegenüber unwirksam.

i. Werden auf das Grundkapital von Aktionären Einlagen gemacht, die nicht durch Baarzahlung zu leisten sind, oder werden vorhandene oder herzustellende Anlagen oder sonstige Vermögensgegenstände von der zu errichtenden Gesellschaft übernommen, so müssen der Gegenstand der Einlage oder der Uebernahme, die Person, von welcher die Gesellschaft den Gegenstand erwirbt, und der Betrag der für die Einlage zu gewährenden Aktien oder die für den übernommenen Gegenstand zu gewährende Vergütung im Gesellschaftsvertrage festgesetzt werden.

(189 Abs. 2—5.) Die Zeichnung der von den Gründern nicht übernommenen Aktien erfolgt durch schriftliche Erklärung, aus der die Betheiligung nach der Anzahl und, falls verschiedene Aktien ausgegeben werden, nach dem Betrag oder der Gattung der Aktien hervorgehen muß. k.

Die Erklärung (Zeichnungsschein) soll doppelt ausgestellt werden; sie hat zu enthalten:

1. den Tag der Feststellung des Gesellschaftsvertrages, die im §. 182 Abs. 2 und im §. 186 vorgesehenen Festsetzungen und, wenn mehrere Gattungen von Aktien mit verschiedener Berechtigung ausgegeben werden, den Gesammtbetrag einer jeden;
2. den Namen, Stand und Wohnort der Gründer;
3. den Betrag, für welchen die Ausgabe der Aktie stattfindet, und den Betrag der festgesetzten Einzahlungen;
4. den Zeitpunkt, in welchem die Zeichnung un-

verbindlich wird, sofern nicht bis dahin die Errichtung der Gesellschaft beschlossen ist.

Zeichnungsscheine, welche diesen Inhalt nicht vollständig haben, oder außer dem unter Nr. 4 bezeichneten Vorbehalte Beschränkungen in der Verpflichtung des Zeichners enthalten, sind nichtig. Erfolgt ungeachtet einer hiernach nichtigen oder wegen verspäteter Errichtung der Gesellschaft unverbindlichen Zeichnungsscheins die Eintragung der Gesellschaft in das Handelsregister, so ist der Zeichner, wenn er auf Grund einer den vorstehenden Angaben entsprechenden Erklärung in der Generalversammlung, die zur Beschlußfassung über die Errichtung der Gesellschaft berufen wird, stimmt oder später als Aktionär Rechte ausübt oder Verpflichtungen erfüllt, der Gesellschaft wie aus einem gültigen Zeichnungsscheine verpflichtet.

Jede nicht in dem Zeichnungsscheine enthaltene Beschränkung ist der Gesellschaft gegenüber unwirksam.

281. Die Zeichnung der neuen Aktien geschieht mittelst Zeichnungsscheins. Der Zeichnungsschein soll doppelt ausgestellt werden; er hat außer den im §. 189 Abs. 2 bezeichneten Angaben zu enthalten:

1. den Tag, an welchem der Beschluß über die Erhöhung des Grundkapitals gefaßt ist;
2. den Betrag, für welchen die Ausgabe der Aktien stattfindet, und den Betrag der festgesetzten Einzahlungen;

3. die im §. 279 vorgesehenen Festsetzungen und, wenn mehrere Gattungen von Aktien mit verschiedener Berechtigung ausgegeben werden, den Gesammtbetrag einer jeden;

4. den Zeitpunkt, in welchem die Zeichnung unverbindlich wird, sofern nicht bis dahin die erfolgte Erhöhung des Grundkapitals in das Handelsregister eingetragen ist.

Die Vorschriften des §. 189 Abs. 4, 5 finden mit der Maßgabe entsprechende Anwendung, daß an die Stelle der Eintragung der Gesellschaft in das Handelsregister die Eintragung der erfolgten Erhöhung des Grundkapitals tritt.

184. Für einen geringeren als den Nennbetrag dürfen Aktien nicht ausgegeben werden.

Die Ausgabe für einen höheren Betrag ist statthaft, wenn sie im Gesellschaftsvertrage zugelassen ist.

(195 Abs. 3.) In der gerichtlichen Anmeldung der Gesellschaft ist der Betrag, zu welchem die Aktien ausgegeben werden, und der hierauf baar eingezahlte Betrag anzugeben; dieser muß mindestens ein Viertheil des Nennbetrages und im Falle der Ausgabe von Aktien für einen höheren als den Nennbetrag auch den Mehrbetrag umfassen.

(278 Abs. 3.) Sollen die auf eine Kapitalserhöhung entfallenden neuen Aktien für einen höheren als den Nennbetrag ausgegeben werden, so ist der Mindestbetrag, unter dem die Ausgabe nicht erfolgen

soll, in dem Beschluß über die Erhöhung des Grundkapitals festzusetzen.

1. (203, 202.) Wer vor der Eintragung der Gesellschaft in das Handelsregister oder in den ersten zwei Jahren nach der Eintragung eine öffentliche Ankündigung der Aktien erläßt, um sie in den Verkehr einzuführen, ist der Gesellschaft im Falle der Unrichtigkeit oder Unvollständigkeit von Angaben, welche die Gründer in Ansehung der Zeichnung oder Einzahlung des Grundkapitals oder in Ansehung der im §. 186 vorgesehenen Festsetzungen zum Zwecke der Eintragung der Gesellschaft in das Handelsregister machen, sowie im Falle einer böslichen Schädigung der Gesellschaft durch Einlagen oder Uebernahmen für den Ersatz des ihr daraus entstehenden Schadens mit dem im §. 202 bezeichneten Personen, nämlich:

1. wenn eine Vergütung nicht unter dem zu bezeichnenden Gründungsaufwand aufgenommen ist, dem Empfänger, welcher zur Zeit des Empfanges wußte oder nach den Umständen annehmen mußte, daß die Verheimlichung beabsichtigt oder erfolgt war, und jedem Dritten, welcher zur Verheimlichung wissentlich mitgewirkt hat;
2. im Falle einer böslichen Schädigung durch Einlagen oder Uebernahmen jedem Dritten, welcher zu dieser Schädigung wissentlich mitgewirkt hat, als Gesammtschuldner verhaftet, wenn er die Unrichtigkeit oder Unvollständig-

keit der Angaben oder die bösliche Schädigung kannte oder bei Anwendung der Sorgfalt eines ordentlichen Geschäftsmanns kennen mußte.

229. Ist eine Aktie oder ein Interimsschein in Folge einer Beschädigung oder einer Verunstaltung zum Umlaufe nicht mehr geeignet, so kann der Berechtigte, sofern der wesentliche Inhalt und Unterscheidungsmerkmale der Urkunde noch mit Sicherheit erkennbar sind, von der Gesellschaft die Erteilung einer neuen Urkunde gegen Aushändigung der beschädigten oder verunstalteten verlangen. Die Kosten hat er zu tragen und vorzuschießen. m.

(350 Abs. 1, 3.) Auf eine Bürgschaft, ein Schuldversprechen oder ein Schuldanerkenntniß finden, sofern die Bürgschaft auf der Seite des Bürgen, das Versprechen oder das Anerkenntniß auf der Seite des Bürgen das Versprechen oder das Anerkenntniß auf der Seite des Schuldners ein Handelsgeschäft ist, die Formvorschriften des §. 766 Satz 1, des §. 780 und des §. 781 Satz 1 des Bürgerlichen Gesetzbuchs keine Anwendung. n.

(290 Abs. 1, 3.) Ist zur Ausführung der Herabsetzung des Grundkapitals eine Verminderung der Zahl der Aktien durch Umtausch, Stempelung oder durch ein ähnliches Verfahren vorgesehen, so kann die Gesellschaft die Aktien, welche trotz erfolgter Aufforderung nicht bei ihr eingereicht sind, für kraftlos erklären. Das Gleiche gilt in Ansehung eingereichter Aktien, o.

welche die zum Ersatze durch neue Aktien erforderliche Zahl nicht erreichen und der Gesellschaft nicht zur Verwerthung für Rechnung der Betheiligten zur Verfügung gestellt sind.

Die Aufforderung zur Einreichung der Aktien hat die Androhung der Kraftloserklärung zu enthalten. Die Kraftloserklärung kann nur erfolgen, wenn die Aufforderung nach Maßgabe des §. 291 Abs. 2 bekannt gemacht ist; sie geschieht mittelst Bekanntmachung in den Gesellschaftsblättern.

Die an Stelle der für kraftlos erklärten Aktien auszugebenden neuen Aktien sind für Rechnung der Betheiligten durch die Gesellschaft zum Börsenpreis und in Ermangelung eines solchen durch öffentliche Versteigerung zu verkaufen. Der Erlös ist den Betheiligten auszuzahlen oder, sofern die Berechtigung zur Hinterlegung vorhanden ist, zu hinterlegen.

p. (228 Abs. 1.) Ist eine Aktie oder ein Interimsschein abhanden gekommen oder vernichtet, so kann die Urkunde, wenn nicht das Gegentheil darin bestimmt ist, im Wege des Aufgebotsverfahrens für kraftlos erklärt werden. Die nachstehenden Vorschriften des Bürgerlichen Gesetzbuchs finden entsprechende Anwendung.

(799 Abs. 2 B.G.B.) Der Aussteller einer Schuldverschreibung ist verpflichtet, dem bisherigen Inhaber auf Verlangen die zur Erwirkung des Aufgebots oder der Zahlungssperre erforderliche Auskunft zu ertheilen und die erforderlichen Zeugnisse aus-

zustellen. Die Kosten der Zeugnisse hat der bisherige Inhaber zu tragen und vorzuschießen.

(800 B.G.B.) Ist eine Schuldverschreibung auf den Inhaber für kraftlos erklärt, so kann derjenige, welcher das Ausschlußurtheil erwirkt hat, von dem Aussteller unbeschadet der Befugniß, den Anspruch aus der Urkunde geltend zu machen, die Ertheilung einer neuen Schuldverschreibung auf den Inhaber anstelle der für kraftlos erklärten verlangen. Die Kosten hat er zu tragen und vorzuschießen.

228 Abs. 2. Sind Gewinnantheilscheine auf den Inhaber ausgegeben, so erlischt mit der Kraftloserklärung der Aktie oder des Interimsscheins auch der Anspruch aus den noch nicht fälligen Gewinnantheilscheinen.

(25 E.) Die Vorschriften des §. 228 des Handelsgesetzbuchs über die Kraftloserklärung abhanden gekommener oder vernichteter Aktien finden auch in dem Falle Anwendung, daß eine Aktie vor dem q.
Inkrafttreten des Handelsgesetzbuchs abhanden gekommen oder vernichtet worden ist.

(26 E.) Die vor dem Inkrafttreten des Handelsgesetzbuchs erfolgte Außerkurssetzung einer auf den Inhaber lautenden Aktie verliert mit dem Inkrafttreten des Handelsgesetzbuchs ihre Wirkung.

227. Die Einziehung (Amortisation) von Aktien r.
kann nur erfolgen, wenn sie im Gesellschaftsvertrag angeordnet oder gestattet ist. Die Bestimmung muß in dem ursprünglichen Gesellschaftsvertrag oder durch

eine vor der Zeichnung der Aktien bewirkte Aenderung des Gesellschaftsvertrags getroffen sein, es sei denn, daß die Einziehung nicht mittelst Ausloosung, Kündigung oder in ähnlicher Weise, sondern mittelst Ankaufs der Aktien geschehen soll.

Jede Art der Einziehung darf, sofern sie nicht nach den für die Herabsetzung des Grundkapitals maßgebenden Vorschriften stattfindet, nur aus dem nach der jährlichen Bilanz verfügbaren Gewinn erfolgen.

s. **230.** Neue Gewinnantheilscheine dürfen an den Inhaber des Erneuerungsscheins nicht ausgegeben, werden, wenn der Besitzer der Aktie oder des Interimsscheins der Ausgabe widersprochen hat. Die Scheine sind in diesem Falle dem Besitzer der Aktie oder des Interimsscheins auszuhändigen, wenn er die Haupturkunde vorlegt.

Vierter Abschnitt.

Die Aktionäre.

a. **178.** Die sämmtlichen Gesellschafter der Aktiengesellschaft sind mit Einlagen auf das in Aktien zerlegte Grundkapital der Gesellschaft betheiligt, ohne persönlich für deren Verbindlichkeiten zu haften.

b. (195 Abs. 2.) Der Anmeldung der Gesellschaft beim Gericht zur Eintragung in das Handelsregister ist, wenn nicht alle Aktien von den Gründern übernommen sind, ein von den Gründern unterschriebenes

Verzeichniß aller Aktionäre beizufügen, welches die auf jeden entfallenen Aktien sowie die auf die letzteren geschehenen Einzahlungen angiebt.

200 Abs. 1. Vor der Eintragung in das Handels- c.
register des Sitzes der Gesellschaft besteht die Aktiengesellschaft als solche nicht. Wird vorher im Namen der Gesellschaft gehandelt, so haftet der Handelnde persönlich; handeln Mehrere, so haften sie als Gesammtschuldner.

211. Die Verpflichtung des Aktionärs zur d.
Leistung von Kapitaleinlagen wird durch den Nennbetrag der Aktie und, falls der Ausgabepreis höher ist, durch diesen begrenzt.

(221.) Die Aktionäre und deren Rechtsvorgänger können von den in den §§. 211, 220 bezeichneten Leistungen nicht befreit werden. Sie können gegen diese Leistungen eine Forderung an die Gesellschaft nicht aufrechnen.

(289 Abs. 4, 2.) Eine durch die Herabsetzung e.
des Grundkapitals bezweckte Befreiung der Aktionäre von der Verpflichtung zur Leistung von Einlagen auf die Aktien tritt nicht vor dem Zeitpunkt in Wirksamkeit, an dem seit dem Tage, an welchem die vorgeschriebene öffentliche Aufforderung an die Gläubiger der Gesellschaft, ihre Ansprüche anzumelden, zum dritten Mal stattgefunden hat, ein Jahr verstrichen ist und nachdem die Gläubiger, die sich gemeldet haben, befriedigt oder sichergestellt worden sind.

212. Neben den Kapitaleinlagen kann im Ge- f.

sellschaftsvertrage den Aktionären die Verpflichtung zu wiederkehrenden, nicht in Geld bestehenden Leistungen auferlegt werden, sofern die Übertragung der Antheilsrechte an die Zustimmung der Gesellschaft gebunden ist. Die Verpflichtung und der Umfang der Leistungen müssen aus den Aktien oder Interimsscheinen zu ersehen sein.

Im Gesellschaftsvertrage können für den Fall, daß die Verpflichtung nicht oder nicht gehörig erfüllt wird, Vertragsstrafen festgesetzt werden.

Im Gesellschaftsvertrage kann bestimmt werden, daß die Gesellschaft die Zustimmung zur Uebertragung der Antheilsrechte nur aus wichtigen Gründen verweigern darf.

276. Eine Verpflichtung der Aktionäre zu Leistungen der im §. 212 bezeichneten Art kann, sofern sie nicht in dem ursprünglichen Gesellschaftsvertrage vorgesehen ist, nur mit Zustimmung sämmtlicher von der Verpflichtung betroffenen Aktionäre begründet werden.

g. **200 Abs. 2.** Die Antheilsrechte könnnen vor der Eintragung der Gesellschaft in das Handelsregister mit Wirksamkeit gegenüber der Gesellschaft nicht übertragen, Aktien oder Interimsscheine können vorher nicht ausgegeben werden.

(287.) Bevor die erfolgte Erhöhung des Grundkapitals in das Handelsregister eingetragen ist, können die Antheilsrechte an dem zu erhöhenden

Kapitale mit Wirksamkeit gegenüber der Gesellschaft nicht übertragen werden.

(213.) Die Aktionäre können ihre Einlagen nicht zurückfordern. h.

(217 Abs. 1, 3.) Die Aktionäre haften für die Verbindlichkeiten der Gesellschaft, soweit sie den Vorschriften des Handels-Gesetzbuchs entgegen Zahlungen von der Gesellschaft empfangen haben. i.

Die nach dieser Vorschrift begründeten Ansprüche verjähren in fünf Jahren vom Empfang der Zahlung an.

Was ein Aktionär in gutem Glauben als Gewinnantheil oder als Zinsen bezogen hat, ist er in keinem Falle zurückzuzahlen verpflichtet.

218. Ein Aktionär, der den auf die Aktie eingeforderten Betrag nicht zur rechten Zeit einzahlt, hat Zinsen von dem Tage an zu entrichten, an welchem die Zahlung hätte geschehen sollen. Die Geltendmachung eines weiteren Schadens ist nicht ausgeschlossen. k.

Im Gesellschaftsvertrage können für den Fall, daß die Einzahlung nicht rechtzeitig erfolgt, Vertragsstrafen festgesetzt werden.

Ist im Gesellschaftsvertrage nicht ein Anderes bestimmt, so hat die Aufforderung zur Einzahlung in der Weise zu geschehen, in welcher die Bekanntmachungen der Gesellschaft nach dem Gesellschaftsvertrag erfolgen.

(219.). Erfolgt die Einzahlung nicht rechtzeitig, so l.

kann den säumigen Aktionären für die Zahlung eine Frist mit der Androhung bestimmt werden, daß sie nach dem Ablaufe der Frist ihres Antheilsrechts und der geleisteten Einzahlungen verlustig erklärt werden.

Die Aufforderung muß dreimal in den Gesellschaftsblättern bekannt gemacht werden; die erste Bekanntmachung muß mindestens drei Monate, die letzte Bekanntmachung mindestens einen Monat vor dem Ablaufe der für die Einzahlung gesetzten Nachfrist erfolgen. Sind die Antheilsrechte nicht ohne Zustimmung der Gesellschaft übertragbar, so genügt an Stelle der öffentlichen Bekanntmachungen der einmalige Erlaß besonderer Aufforderungen an die säumigen Aktionäre; in diesen Aufforderungen muß eine Nachfrist gewährt werden, die mindestens einen Monat von dem Empfange der Aufforderung an beträgt.

Zahlt ein Aktionär den auf die Aktie zu leistenden Betrag ungeachtet der Aufforderung nicht ein, so ist er seines Antheilsrechts und der geleisteten Einzahlungen zu Gunsten der Gesellschaft verlustig zu erklären. Die Erklärung erfolgt mittelst Bekanntmachung in den Gesellschaftsblättern.

An Stelle der bisherigen Urkunde ist eine neue auszugeben, die außer den früher geleisteten Theilzahlungen den eingeforderten Betrag zu umfassen hat. Wegen des Ausfalls, den die Gesellschaft an diesem Betrag oder an den später eingeforderten

Beträgen erleidet, bleibt ihr der ausgeschlossene Aktionär verhaftet.

220. Soweit der ausgeschlossene Aktionär den eingeforderten Betrag nicht zahlt, ist dafür der Gesellschaft der letzte und jeder frühere in dem Aktienbuche verzeichnete Rechtsvorgänger verhaftet, ein früherer Rechtsvorgänger, soweit die Zahlung von dessen Rechtsnachfolger nicht zu erlangen ist. Dies wird vermuthet, wenn von dem letzteren die Zahlung nicht bis zum Ablaufe von einem Monate geleistet wird, nachdem an ihn die Zahlungsaufforderung und an den Rechtsvorgänger die Benachrichtigung von dieser erfolgt ist. Der Rechtsvorgänger erhält gegen Zahlung des rückständigen Betrags die neu auszugebende Urkunde. m.

Die Haftpflicht des Rechtsvorgängers ist auf die innerhalb der Frist von zwei Jahren auf die Aktien eingeforderten Beträge beschränkt. Die Frist beginnt mit dem Tage, an welchem die Uebertragung des Antheilsrechts zum Aktienbuche der Gesellschaft angemeldet wird.

Ist die Zahlung des rückständigen Betrags von Rechtsvorgängern nicht zu erlangen, so kann die Gesellschaft das Antheilsrecht zum Börsenpreis und in Ermangelung eines solchen durch öffentliche Versteigerung verkaufen.

(221.) Die Aktionäre und deren Rechtsvorgänger können von der in §. 220 bezeichneten Leistung nicht befreit werden. Sie können gegen diese n.

Leistung eine Forderung an die Gesellschaft nicht aufrechnen.

o. **217 Abs. 2.** Ist über das Vermögen der Gesellschaft der Konkurs eröffnet, so wird während der Dauer des Verfahrens das den Gesellschaftsgläubigern gegen die Aktionäre zustehende Recht durch den Konkursverwalter ausgeübt.

p. (213.) Die Aktionäre haben, solange die Gesellschaft besteht, nur Ansprüche auf den Reingewinn, soweit dieser nicht nach dem Gesetz oder dem Gesellschaftsvertrage von der Vertheilung ausgeschlossen ist.

q. **214.** Die Antheile am Gewinne bestimmen sich nach dem Verhältnisse der Aktienbeträge.

Sind die Einzahlungen nicht auf alle Aktien in demselben Verhältnisse geleistet, so erhalten die Aktionäre aus dem vertheilbaren Gewinne vorweg einen Betrag von vier vom Hundert der geleisteten Einzahlungen; reicht der Jahresgewinn hierzu nicht aus, so bestimmt sich der Betrag nach einem entsprechend niedrigeren Satze. Einzahlungen, die im Laufe des Geschäftsjahrs zu leisten waren, werden nach dem Verhältnisse der Zeit berücksichtigt, welche seit dem für die Leistung bestimmten Zeitpunkte verstrichen ist.

Im Gesellschaftsvertrage kann eine andere Art der Gewinnvertheilung vorgesehen werden.

r. **215.** Zinsen von bestimmter Höhe dürfen für die Aktionäre weder bedungen noch ausbezahlt werden; es darf nur dasjenige unter sie vertheilt werden, was sich nach der jährlichen Bilanz als Reingewinn ergiebt.

Für den Zeitraum, welchen die Vorbereitung des Unternehmens bis zum Anfange des vollen Betriebs erfordert, können den Aktionären Zinsen von bestimmter Höhe bedungen werden; der Gesellschaftsvertrag muß den Zeitpunkt bezeichnen, in welchem die Entrichtung von Zinsen spätestens aufhört.

(217.) Was ein Aktionär in gutem Glauben als Gewinnantheil oder als Zinsen bezogen hat, ist er in keinem Falle zurückzuzahlen verpflichtet.

216. Für wiederkehrende Leistungen, zu denen die Aktionäre nach dem Gesellschaftsvertrage neben den Kapitaleinlagen verpflichtet sind, darf eine den Werth der Leistungen nicht übersteigende Vergütung ohne Rücksicht darauf bezahlt werden, ob die jährliche Bilanz einen Reingewinn ergiebt. s.

282. Jedem Aktionär muß auf sein Verlangen ein seinem Antheil an dem bisherigen Grundkapital entsprechender Theil der neuen Aktien zugetheilt werden, soweit nicht in dem Beschluß über die Erhöhung des Grundkapitals ein Anderes bestimmt ist. t.

Der Betrag, zu welchem die neuen Aktien an die Aktionäre ausgegeben werden, ist von dem Vorstand in den Gesellschaftsblättern zu veröffentlichen. In der Veröffentlichung kann eine Frist für die Ausübung des Bezugsrechts bestimmt werden; die Frist muß mindestens zwei Wochen betragen.

283. Eine Zusicherung von Rechten auf den

Bezug neu auszugebender Aktien kann nur unter Vorbehalt des im §. 282 bezeichneten Rechtes der Aktionäre erfolgen.

Eine Zusicherung, die vor dem Beschlusse über die Erhöhung des Grundkapitals geschieht, ist der Gesellschaft gegenüber unwirksam.

u. 28 E. Die Vorschrift des §. 283 Abs. 1 des Handelsgesetzbuchs über die Zusicherung von Rechten auf den Bezug neu auszugebender Aktien findet auf eine vor dem Inkrafttreten des Handelsgesetzbuchs ertheilte Zusicherung keine Anwendung.

v. **250**. Die Rechte, welche den Aktionären in den Angelegenheiten der Gesellschaft, insbesondere in Bezug auf die Führung der Geschäfte, zustehen, werden durch Beschlußfassung in der Generalversammlung ausgeübt.

w. **225 Abs. 1, 2**. Steht eine Aktie mehreren Mitberechtigten zu, so können sie die Rechte aus der Aktie nur durch einen gemeinschaftlichen Vertreter ausüben.

Für die auf die Aktie zu bewirkenden Leistungen haften sie als Gesammtschuldner.

Fünfter Abschnitt.

Der Vorstand.

231 Abs. 1, 2. Die Aktiengesellschaft wird durch den Vorstand gerichtlich und außergerichtlich vertreten.

Der Vorstand kann aus einer oder mehreren Personen bestehen. a.

(284.) Der Gesellschaftsvertrag muß die Art der Bestellung und Zusammensetzung des Vorstandes bestimmen. b.

231 Abs. 3. Die Bestellung zum Mitgliede des Vorstandes ist jederzeit widerruflich, unbeschadet des Anspruchs auf die vertragsmäßige Vergütung.

(190.) Uebernehmen die Gründer alle Aktien, so haben sie gleichzeitig mit der Errichtung der Gesellschaft oder in einer besonderen gerichtlichen oder notariellen Verhandlung den ersten Vorstand der Gesellschaft zu bestellen. c.

Uebernehmen die Gründer nicht alle Aktien, so haben sie nach der Zeichnung des Grundkapitals eine Generalversammlung zur Wahl des Vorstandes zu berufen.

Diese Vorschriften finden auch auf die Bestellung des ersten Vorstandes Anwendung, sofern nicht nach dem Gesellschaftsvertrage die Bestellung in anderer Weise als durch Wahl der Generalversammlung zu geschehen hat.

232. Zu Willenserklärungen, insbesondere zur Zeichnung des Vorstandes für die Gesellschaft, bedarf es der Mitwirkung sämmtlicher Mitglieder des Vorstandes, sofern nicht im Gesellschaftsvertrag ein Anderes bestimmt ist. Der Vorstand kann jedoch einzelne Mitglieder zur Vornahme bestimmter Geschäfte oder bestimmter Arten von Geschäften d.

ermächtigen. Ist eine Willenserklärung der Gesellschaft gegenüber abzugeben, so genügt die Abgabe gegenüber einem Mitgliede des Vorstandes.

Steht nicht jedem einzelnen Vorstandsmitgliede die selbständige Vertretung der Gesellschaft nach dem Gesellschaftsvertrage zu, so kann durch diesen bestimmt werden, daß die Vorstandsmitglieder, wenn nicht mehrere zusammen handeln, in Gemeinschaft mit einem Prokuristen zur Vertretung der Gesellschaft befugt sein sollen. Auch kann durch den Gesellschaftsvertrag der Aufsichtsrath ermächtigt werden, einzelnen Mitgliedern des Vorstandes die Befugniß zu ertheilen, die Gesellschaft allein oder in Gemeinschaft mit einem Prokuristen zu vertreten. Die Vorschriften des Abs. 1 Satz 2, 3 finden in diesen Fällen entsprechende Anwendung.

(164 B.G.B.) Eine Willenserklärung, die Jemand innerhalb der ihm zustehenden Vertretungsmacht im Namen des Vertretenen abgiebt, wirkt unmittelbar für und gegen den Vertretenen. Es macht keinen Unterschied, ob die Erklärung ausdrücklich im Namen des Vertretenen erfolgt, oder ob die Umstände ergeben, daß sie in dessen Namen erfolgen soll.

Tritt der Wille, in fremdem Namen zu handeln, nicht erkennbar hervor, so kommt der Mangel des Willens, im eigenen Namen zu handeln, nicht in Betracht.

Die Vorschriften des Abs. 1 finden entsprechende Anwendung, wenn eine gegenüber einem Andern abgegebene Willenserklärung dessen Vertretern gegenüber erfolgt.

225 Abs. 3. Hat die Gesellschaft eine Willenserklärung dem Aktionär gegenüber abzugeben, so genügt, falls ein gemeinschaftlicher Vertreter der Mitberechtigten nicht vorhanden ist, die Abgabe der Erklärung gegenüber einem Mitberechtigten. Auf mehrere Erben eines Aktionärs findet diese Vorschrift nur in Ansehung von Willenserklärungen Anwendung, die nach dem Ablauf eines Monats seit dem Anfalle der Erbschaft abgegeben werden.

(198 Abs. 2.) Enthält der Gesellschaftsvertrag besondere Bestimmungen über die Befugniß der Mitglieder des Vorstandes zur Vertretung der Gesellschaft, so sind auch diese Bestimmungen einzutragen.

233. Der Vorstand hat in der Weise zu zeichnen, daß die Zeichnenden zu der Firma der Gesellschaft oder zu der Benennung des Vorstandes ihre Namensunterschrift hinzufügen. e.

234 Abs. 3, 1, 2. Die Vorstandsmitglieder haben ihre Unterschrift zur Aufbewahrung bei dem Gerichte zu zeichnen.

Jede Aenderung des Vorstandes oder der Vertretungsbefugniß eines Vorstandsmitgliedes sowie eine auf Grund des §. 232 Abs. 2 Satz 2 von dem Aufsichtsrathe getroffene Anordnung ist durch den Vorstand zur Eintragung in das Handelsregister anzumelden.

Der Anmeldung ist eine öffentlich beglaubigte

Abschrift der Urkunden über die Aenderung oder Anordnung beizufügen. Diese Vorschrift findet auf die Anmeldung zum Handelsregister einer Zweigniederlassung keine Anwendung.

244. Jede Aenderung in den Personen der Mitglieder des Aufsichtsraths ist von dem Vorstand unverzüglich in den Gesellschaftsblättern bekannt zu machen. Der Vorstand hat die Bekanntmachung zum Handelsregister einzureichen.

f. **235.** Der Vorstand ist der Gesellschaft gegenüber verpflichtet, die Beschränkungen einzuhalten, welche im Gesellschaftsvertrag oder durch Beschlüsse der Generalversammlung für den Umfang seiner Befugniß, die Gesellschaft zu vertreten, festgesetzt sind.

Dritten gegenüber ist eine Beschränkung der Vertretungsbefugniß des Vorstandes unwirksam. Dies gilt insbesondere für den Fall, daß die Vertretung sich nur auf gewisse Geschäfte oder Arten von Geschäften erstrecken oder nur unter gewissen Umständen oder für eine gewisse Zeit oder an einzelnen Orten stattfinden soll oder daß für einzelne Geschäfte die Zustimmung der Generalversammlung, des Aufsichtsraths oder eines anderen Organs der Gesellschaft erfordert wird.

g. **238.** Sofern nicht durch den Gesellschaftsvertrag oder durch Beschluß der Generalversammlung ein Anderes bestimmt ist, darf der Vorstand einen Prokuristen nur mit Zustimmung des Aufsichtsraths bestellen. Diese Beschränkung hat Dritten gegenüber keine Wirkung.

(192 Abs. 1.) Die Mitglieder des Vorstandes haben den Hergang der Gründung der Gesellschaft zu prüfen. h.

(204.) Mitglieder des Vorstandes, die bei der ihnen auferlegten Prüfung der Gründung die Sorgfalt eines ordentlichen Kaufmanns außer Acht lassen, haften der Gesellschaft als Gesammtschuldner für den ihr daraus entstehenden Schaden, soweit der Ersatz des Schadens von den anderweitig (nach den §§. 202, 203) verpflichteten Personen nicht zu erlangen ist.

(206.) Die aus der Gründung sich herleitenden Ansprüche der Gesellschaft gegen die Mitglieder des Vorstandes verjähren in fünf Jahren von der Eintragung der Gesellschaft in das Handelsregister an. i.

241. Die Mitglieder des Vorstandes haben bei ihrer Geschäftsführung die Sorgfalt eines ordentlichen Geschäftsmanns anzuwenden. k.

Mitglieder, die ihre Obliegenheiten verletzen, haften der Gesellschaft als Gesammtschuldner für den daraus entstehenden Schaden.

Insbesondere sind sie zum Ersatze verpflichtet, wenn entgegen den Vorschriften dieses Gesetzbuchs:

1. Einlagen an die Aktionäre zurückgezahlt,
2. den Aktionären Zinsen oder Gewinnantheile gezahlt,
3. eigene Aktien oder Interimsscheine der Gesellschaft erworben, zum Pfande genommen oder eingezogen,

4. Aktien vor der vollen Leistung des Nennbetrags oder, falls der Ausgabepreis höher ist, vor der vollen Leistung dieses Betrags ausgegeben werden,
5. die Vertheilung des Gesellschaftsvermögens oder eine theilweise Zurückzahlung des Grundkapitals erfolgt,
6. Zahlungen geleistet werden, nachdem die Zahlungsunfähigkeit der Gesellschaft eingetreten ist oder ihre Ueberschuldung sich ergeben hat.

In den Fällen des Abs. 3 kann der Ersatzanspruch auch von den Gläubigern der Gesellschaft, soweit sie von dieser ihre Befriedigung nicht erlangen können, geltend gemacht werden. Die Ersatzpflicht wird ihnen gegenüber weder durch einen Verzicht der Gesellschaft noch dadurch aufgehoben, daß die Handlung auf einem Beschlusse der Generalversammlung beruht.

Die Ansprüche auf Grund dieser Vorschriften verjähren in fünf Jahren.

239. Der Vorstand hat Sorge dafür zu tragen, daß die erforderlichen Bücher der Gesellschaft geführt werden.

240. Erreicht der Verlust, der sich bei der Aufstellung der Jahresbilanz oder einer Zwischenbilanz ergiebt, die Hälfte des Grundkapitals, so hat der Vorstand unverzüglich die Generalversammlung zu berufen und dieser davon Anzeige zu machen.

Sobald Zahlungsunfähigkeit der Gesellschaft eintritt, hat der Vorstand die Eröffnung des Konkurses zu beantragen; dasselbe gilt, wenn sich bei der Aufstellung der Jahresbilanz oder einer Zwischenbilanz ergiebt, daß das Vermögen nicht mehr die Schulden deckt.

236. Die Mitglieder des Vorstandes dürfen 1.
ohne Einwilligung der Gesellschaft weder ein Handelsgewerbe betreiben noch in dem Handelszweige der Gesellschaft für eigene oder fremde Rechnung Geschäfte machen, auch nicht an einer anderen Handelsgesellschaft als persönlich haftende Gesellschafter theilnehmen. Die Einwilligung wird durch dasjenige Organ der Gesellschaft ertheilt, welchem die Bestellung des Vorstandes obliegt.

Verletzt ein Vorstandsmitglied die ihm nach Abs. 1 obliegende Verpflichtung, so kann die Gesellschaft Schadensersatz fordern; sie kann statt dessen von dem Mitgliede verlangen, daß es die für eigene Rechnung gemachten Geschäfte als für Rechnung der Gesellschaft eingegangen gelten lasse und die aus Geschäften für fremde Rechnung bezogene Vergütung herausgebe oder seinen Anspruch auf die Vergütung abtrete.

Die Ansprüche der Gesellschaft verjähren in drei Monaten von dem Zeitpunkt an, in welchem die übrigen Vorstandsmitglieder und der Aufsichtsrath von dem Abschlusse des Geschäfts oder von der Theilnahme des Vorstandsmitgliedes an der anderen

Gesellschaft Kenntniß erlangen; sie verjähren ohne Rücksicht auf diese Kenntniß in fünf Jahren von ihrer Entstehung an.

m. (27 E.) Auf Personen, die bei dem Inkrafttreten des Handelsgesetzbuchs Mitglieder des Vorstandes einer Aktiengesellschaft sind, finden für die Dauer der Bestellung die Vorschriften des §. 236 des Handelsgesetzbuchs über den Betrieb eines Handelsgewerbes und über die Betheiligung an einer anderen Gesellschaft nur in der Beschränkung auf den Handelszweig der Aktiengesellschaft Anwendung.

n. **237**. Wird den Mitgliedern des Vorstandes ein Antheil am Jahresgewinne gewährt, so ist der Antheil von dem nach Vornahme sämmtlicher Abschreibungen und Rücklagen verbleibenden Reingewinne zu berechnen.

o. **242**. Die für die Mitglieder des Vorstandes geltenden Vorschriften finden auch auf die Stellvertreter von Mitgliedern Anwendung.

p. **260 Abs. 2**. Der Vorstand hat in den ersten drei Monaten des Geschäftsjahrs für das verflossene Geschäftsjahr eine Bilanz, eine Gewinn- und Verlustrechnung sowie einen den Vermögensstand und die Verhältnisse der Gesellschaft entwickelnden Bericht dem Aufsichtsrath und mit dessen Bemerkungen der Generalversammlung vorzulegen. Im Gesellschaftsvertrage kann eine andere Frist, jedoch nicht über die Dauer von sechs Monaten hinaus, bestimmt werden.

40. Die Bilanz ist in Reichswährung aufzustellen.

Bei der Aufstellung des Inventars und der Bilanz sind sämmtliche Vermögensgegenstände und Schulden nach dem Werthe anzusetzen, der ihnen in dem Zeitpunkte beizulegen ist, für welchen die Aufstellung stattfindet.

Zweifelhafte Forderungen sind nach ihrem wahrscheinlichen Werthe anzusetzen, uneinbringliche Forderungen abzuschreiben.

261. Für die Aufstellung der Bilanz kommen die vorstehenden Vorschriften des §. 40 mit folgenden Maßgaben zur Anwendung:

1. Werthpapiere und Waaren, die einen Börsen- oder Marktpreis haben, dürfen höchstens zu dem Börsen- oder Marktpreise des Zeitpunktes, für welchen die Bilanz aufgestellt wird, sofern dieser Preis jedoch den Anschaffungs- oder Herstellungspreis übersteigt, höchstens zu dem letzteren angesetzt werden;
2. andere Vermögensgegenstände sind höchstens zu dem Anschaffungs- oder Herstellungspreis anzusetzen;
3. Anlagen und sonstige Gegenstände, die nicht zur Weiterveräußerung, vielmehr dauernd zum Geschäftsbetriebe der Gesellschaft bestimmt sind, dürfen ohne Rücksicht auf einen geringeren Werth zu dem Anschaffungs- oder Herstellungspreis angesetzt werden, sofern ein der

Abnutzung gleichkommender Betrag in Abzug gebracht oder ein ihr entsprechender Erneuerungsfonds in Ansatz gebracht wird;

4. die Kosten der Errichtung und Verwaltung dürfen nicht als Aktiva in die Bilanz eingesetzt werden;
5. der Betrag des Grundkapitals und der Betrag eines jeden Reserve- und Erneuerungsfonds sind unter die Passiva aufzunehmen;
6. der aus der Vergleichung sämmtlicher Aktiva und sämmtlicher Passiva sich ergebende Gewinn oder Verlust muß am Schlusse der Bilanz besonders angegeben werden.

q. **262.** Zur Deckung eines aus der Bilanz sich ergebenden Verlustes ist ein Reservefonds zu bilden. In diesen ist einzustellen:

1. von dem jährlichen Reingewinne mindestens der zwanzigste Teil so lange, als der Reservefonds den zehnten oder den im Gesellschaftsvertrage bestimmten höheren Theil des Grundkapitals nicht überschreitet;
2. der Betrag, welcher bei der Errichtung der Gesellschaft oder bei einer Erhöhung des Grundkapitals durch Ausgabe der Aktien für einen höheren als den Nennbetrag über diesen und über den Betrag der durch die Ausgabe der Aktien entstehenden Kosten hinaus erzielt wird;
3. der Betrag von Zuzahlungen, die ohne Er-

höhung des Grundkapitals von Aktionären gegen Gewährung von Vorzugsrechten für ihre Aktien geleistet werden, soweit nicht eine Verwendung dieser Zahlungen zu außerordentlichen Abschreibungen oder zur Deckung außerordentlicher Verluste beschlossen wird.

265. Nach der Genehmigung durch die Generalversammlung ist die Bilanz sowie die Gewinn- und Verlustrechnung unverzüglich durch den Vorstand in den Gesellschaftsblättern bekannt zu machen.

Die Bekanntmachung sowie der im §. 260 bezeichete Geschäftsbericht nebst den Bemerkungen des Aufsichtsraths ist zum Handelsregister einzureichen. Zum Handelsregister einer Zweigniederlassung findet die Einreichung nicht statt.

Sechster Abschnitt.

Der Aufsichtsrath.

343 Abs. 1. Der Aufsichtsrath besteht, sofern nicht der Gesellschaftsvertrag eine höhere Zahl festsetzt, aus drei von der Generalversammlung zu wählenden Mitgliedern. a.

190 Abs. 1, 2. Uebernehmen die Gründer alle Aktien, so haben sie gleichzeitig mit der Errichtung der Gesellschaft oder in einer besonderen gerichtlichen oder notariellen Verhandlung den ersten Aufsichtsrath der Gesellschaft zu bestellen. b.

Uebernehmen die Gründer nicht alle Aktien, so haben sie nach der Zeichnung des Grundkapitals eine Generalversammlung zur Wahl des Aufsichtsraths zu berufen.

243 Abs. 2. Die Wahl des ersten Aufsichtsraths gilt für die Zeit bis zur Beendigung der ersten Generalversammlung, welche nach Ablauf eines Jahres seit der Eintragung der Gesellschaft in das Handelsregister zur Beschlußfassung über die Jahresbilanz abgehalten wird.

245 Abs. 3. Den Mitgliedern des ersten Aufsichtsraths kann eine Vergütung für ihre Thätigkeit nur durch einen Beschluß der Generalversammlung bewilligt werden. Der Beschluß kann nicht früher als in derjenigen Generalversammlung gefaßt werden, mit deren Beendigung die Zeit, für welche der erste Aufsichtsrath gewählt ist, abläuft.

c. (243 Abs. 3, 4.) Nach Beendigung der ersten Generalversammlung (§. 243 Abs. 2) kann der Aufsichtsrath nicht für eine längere Zeit als bis zur Beendigung derjenigen Generalversammlung gewählt werden, welche über die Bilanz für das vierte Geschäftsjahr nach der Ernennung beschließt; das Geschäftsjahr, in welchem die Ernennung erfolgt, wird hierbei nicht mitgerechnet.

Die Bestellung zum Mitgliede des Aufsichtsraths kann auch vor dem Ablaufe des Zeitraus, für den das Mitglied gewählt ist, durch die Generalversammlung widerrufen werden. Sofern nicht der

Gesellschaftsvertrag ein Anderes bestimmt, bedarf der Beschluß einer Mehrheit, die mindestens drei Viertheile des bei der Beschlußfassung vertretenen Grundkapitals umfaßt.

247. Der Aufsichtsrath ist befugt, die Gesellschaft bei der Vornahme von Rechtsgeschäften mit den Vorstandsmitgliedern zu vertreten und gegen die letzteren die von der Generalversammlung beschlossenen Rechtsstreitigkeiten zu führen. d.

Handelt es sich um die Verantwortlichkeit der Mitglieder des Aufsichtsraths, so kann dieser ohne und selbst gegen den Beschluß der Generalversammlung gegen die Mitglieder des Vorstandes klagen.

(248 Abs. 1.) Die Mitglieder des Aufsichtsraths können nicht zugleich Mitglieder des Vorstandes oder dauernd Stellvertreter von Vorstandsmitgliedern sein, auch nicht als Beamte die Geschäfte der Gesellschaft führen. Nur für einen im voraus begrenzten Zeitraum kann der Aufsichtsrath einzelne seiner Mitglieder zu Stellvertretern von behinderten Mitgliedern des Vorstandes bestellen; während dieses Zeitraums und bis zur Entlastung des Vertreters darf der letztere eine Thätigkeit als Mitglied des Aufsichtsraths nicht ausüben. Auf die in solcher Weise bestellten Vertreter finden die nachstehenden Vorschriften des §. 236 keine Anwendung.

248 Abs. 2. Scheiden aus dem Vorstande Mitglieder aus, so können sie nicht vor der Entlastung in den Aufsichtsrath gewählt werden.

(236 Abs. 1.) Die Mitglieder des Vorstandes dürfen ohne Einwilligung der Gesellschaft weder ein Handelsgewerbe betreiben noch in dem Handelszweige der Gesellschaft für eigene oder fremde Rechnung Geschäfte machen, auch nicht an einer anderen Handelsgesellschaft als persönlich haftende Gesellschafter Theil nehmen.

e. (192 Abs. 1.) Die Mitglieder des Aufsichtsraths haben den Hergang der Gründung zu prüfen.

f. (204.) Mitglieder des Aufsichtsraths, die bei der ihnen auferlegten Prüfung der Gründung die Sorgfalt eines ordentlichen Kaufmanns außer Acht lassen, haften der Gesellschaft als Gesammtschuldner für den ihr daraus entstehenden Schaden, soweit der Ersatz des Schadens von den anderweitig (nach den §§. 202, 203) verpflichteten Personen ncht zu erlangen ist.

(206.) Die aus der Gründung sich herleitenden Ansprüche der Gesellschaft gegen die Mitglieder des Aufsichtsraths verjähren in fünf Jahren von der Eintragung der Gesellschaft in das Handelsregister an.

g. **246**. Der Aufsichtsrath hat die Geschäftsführung der Gesellschaft in allen Zweigen der Verwaltung zu überwachen und sich zu dem Zwecke von dem Gange der Angelegenheiten der Gesellschaft zu unterrichten. Er kann jederzeit über diese Angelegenheiten Berichterstattung von dem Vorstande verlangen und selbst oder durch einzelne von ihm zu bestimmende Mitglieder die Bücher und Schriften der Gesellschaft einsehen sowie den Bestand der Gesellschaftskasse und die Bestände an Werthpapieren und Waaren untersuchen. Er hat die Jahresrechnungen, die Bilanzen und die Vorschläge zur Gewinnvertheilung zu prüfen und darüber der Generalversammlung Bericht zu erstatten.

Er hat eine Generalversammlung zu berufen, wenn dies im Interesse der Gesellschaft erforderlich ist.

Weitere Obliegenheiten des Aufsichtsraths werden durch den Gesellschaftsvertrag bestimmt.

Die Mitglieder des Aufsichtsraths können die Ausübung ihrer Obliegenheiten nicht Anderen übertragen.

(249 Abs. 1—4, 241 Abs. 3, 4.) Die Mitglieder h.
des Aufsichtsraths haben bei der Erfüllung ihrer Obliegenheiten die Sorgfalt eines ordentlichen Geschäftsmanns anzuwenden.

Mitglieder, die ihre Obliegenheiten verletzen, haften der Gesellschaft mit den Vorstandsmitgliedern als Gesammtschuldner für den daraus entstehenden Schaden.

Insbesondere sind sie zum Ersatze verpflichtet, wenn mit ihrem Wissen und ohne ihr Einschreiten die nachstehenden Handlungen vorgenommen werden:

1. Einlagen an die Aktionäre zurückgezahlt,
2. den Aktionären Zinsen oder Gewinnantheile gezahlt,
3. eigene Aktien oder Interimsscheine der Gesellschaft erworben, zum Pfande genommen oder eingezogen,

4. Aktien vor der vollen Leistung des Nennbetrags oder, falls der Ausgabepreis höher ist, vor der vollen Leistung dieses Betrags ausgegeben werden,
5. die Vertheilung des Gesellschaftsvermögens oder eine theilweise Zurückzahlung des Grundkapitals erfolgt,
6. Zahlungen geleistet werden, nachdem die Zahlungsunfähigkeit der Gesellschaft eingetreten ist oder ihre Ueberschuldung sich ergeben hat.

In den vorstehenden Fällen kann ber Ersatzanspruch auch von den Gläubigern der Gesellschaft, soweit sie von dieser ihre Befriedigung nicht erlangen können, geltend gemacht werden. Die Ersatzpflicht wird ihnen gegenüber weder durch einen Verzicht der Gesellschaft noch dadurch aufgehoben, daß die Handlung auf einem Beschlusse der Generalversammlung beruht.

Die Ausprüche auf Grund dieser Vorschriften verjähren in fünf Jahren.

i. **245.** Erhalten die Mitglieder des Aufsichtsraths für ihre Thätigkeit eine Vergütung, die in einem Antheil am Jahresgewinne besteht, so ist der Antheil von dem Reingewinne zu berechnen, welcher nach Vornahme sämmtlicher Abschreibungen und Rücklagen sowie nach Abzug eines für die Aktionäre bestimmten Betrages von mindestens vier vom Hundert des eingezahlten Grundkapitals verbleibt.

Ist die den Mitgliedern des Aufsichtsraths zukommende Vergütung im Gesellschaftsvertrage festgesetzt, so kann eine Abänderung des Gesellschaftsvertrags, durch welche die Vergütung herabgesetzt wird, von der Generalversammlung mit einfacher Stimmenmehrheit beschlossen werden.

Siebenter Abschnitt.

Prokuristen, Handlungsbevollmächtigte, Handlungsgehülfen.

238. Sofern nicht durch den Gesellschaftsvertrag a.
oder durch den Beschluß der Generalversammlung ein Anderes bestimmt ist, darf der Vorstand einen Prokuristen nur mit Zustimmung des Aufsichtsraths bestellen. Diese Beschränkung hat dritten gegenüber keine Wirkung.

49. Die Prokura ermächtigt zu allen Arten von gerichtlichen und außergerichtlichen Geschäften und Rechtshandlungen, die der Betrieb eines Handelsgewerbes mit sich bringt.

Zur Veräußerung und Belastung von Grundstücken ist der Prokurist nur ermächtigt, wenn ihm diese Befugniß besonders ertheilt ist.

51. Der Prokurist hat in der Weise zu zeichnen, daß er der Firma seinen Namen mit einem die Prokura andeutenden Zusatze beifügt.

58. Der Handlungsbevollmächtigte kann ohne b.

Zustimmung des Inhabers des Handelsgeschäfts seine Handlungsvollmacht auf einen Anderen nicht übertragen.

c. **60**. Der Handlungsgehülfe darf ohne Einwilligung des Prinzipals weder ein Handelsgewerbe betreiben noch in dem Handelszweige des Prinzipals für eigene oder fremde Rechnung Geschäfte machen.

Die Einwilligung zum Betrieb eines Handelsgewerbes gilt als ertheilt, wenn dem Prinzipal bei der Anstellung des Gehülfen bekannt ist, daß er das Gewerbe betreibt, und der Prinzipal die Aufgabe des Betriebs nicht ausdrücklich vereinbart.

61. Verletzt der Handlungsgehülfe die ihm nach §. 60 obliegende Verpflichtung, so kann der Prinzipal Schadensersatz fordern; er kann statt dessen verlangen, daß der Handlungsgehülfe die für eigene Rechnung gemachten Geschäfte als für Rechnung des Prinzipals eingegangen gelten lasse und die aus Geschäften für fremde Rechnung bezogene Vergütung herausgebe oder seinen Anspruch auf die Vergütung abtrete.

Die Ansprüche verjähren in drei Monaten von dem Zeitpunkt an, in welchem der Prinzipal Kenntniß von dem Abschlusse des Geschäfts erlangt; sie verjähren ohne Rücksicht auf diese Kenntniß in fünf Jahren von dem Abschlusse des Geschäfts an.

d. **74**. Eine Vereinbarung zwischen dem Prinzipal und dem Handlungsgehülfen, durch welche dieser für die Zeit nach der Beendigung des Dienstverhältnisses in seiner gewerblichen Thätigkeit beschränkt wird, ist für den Handlungsgehülfen nur insoweit verbindlich, als die Beschränkung nach Zeit, Ort und Gegenstand nicht die Grenzen überschreitet, durch welche eine unbillige Erschwerung des Fortkommens des Handlungsgehülfen ausgeschlossen wird.

Die Beschränkung kann nicht auf einen Zeitraum von mehr als drei Jahren von der Beendigung des Dienstverhältnisses an erstreckt werden.

Die Vereinbarung ist nichtig, wenn der Handlungsgehülfe zur Zeit des Abschlusses minderjährig ist.

Achter Abschnitt.

Die Generalversammlung.

250. Die Rechte, welche den Aktionären in den Angelegenheiten der Gesellschaft, insbesondere in Bezug auf die Führung der Geschäfte, zustehen, werden durch Beschlußfassung in der Generalversammlung ausgeübt. a.

(182 Abs. 2.) Der Gesellschaftsvertrag muß die Form, in der die Berufung der Generalversammlung der Aktionäre geschieht, bestimmen. b.

255. Die Berufung der Generalversammlung hat in der durch den Gesellschaftsvertrag bestimmten Weise mindestens zwei Wochen vor dem Tage der Versammlung zu erfolgen. Der Tag der Berufung und der Tag der Generalversammlung sind hierbei nicht mitzurechnen.

Ist im Gesellschaftsvertrage die Ausübung des Stimmrechts davon abhängig gemacht, daß die Aktien bis zu einem bestimmten Zeitpunkte vor der Generalversammlung hinterlegt werden, so ist die Frist derart zu bemessen, daß für die Hinterlegung mindestens zwei Wochen frei bleiben. In diesem Falle genügt auch die Hinterlegung bei einem Notar.

Ist im Gesellschaftsvertrag eine Bestimmung der im Abs. 2 bezeichneten Art nicht getroffen, so müssen die Anmeldungen zur Theilnahme an der Generalversammlung zugelassen werden, wenn sie nicht später als am dritten Tage vor der Versammlung erfolgen.

256. Der Zweck der Generalversammlung soll bei der Berufung bekannt gemacht werden. Jedem Aktionär ist auf Verlangen eine Abschrift der Anträge zu ertheilen.

Ueber Gegenstände, deren Verhandlung nicht ordnungsmäßig mindestens eine Woche vor dem Tage der Generalversammlung angekündigt ist, können Beschlüsse nicht gefaßt werden; ist für die Beschlußfassung nach den Vorschriften dieses Gesetzbuchs oder des Gesellschaftsvertrags die einfache Stimmenmehrheit nicht ausreichend, so muß die Ankündigung mindestens zwei Wochen vor dem Tage der Generalversammlung erfolgen. An die Stelle des Tages der Generalversammlung tritt, falls die Ausübung des Stimmrechts von der Hinterlegung der Aktien abhängig ist, der Tag, bis zu dessen Ablaufe die Hinterlegung zu geschehen hat.

Zur Beschlußfassung über den in der Generalversammlung gestellten Antrag auf Berufung einer außerordentlichen Generalversammlung sowie zur Stellung von Anträgen und zu Verhandlungen ohne Beschlußfassung bedarf es der Ankündigung nicht.

257. Jeder Aktionär, der eine Aktie bei der Gesellschaft hinterlegt, kann verlangen, daß ihm die Berufung der Generalversammlung und die Gegenstände der Verhandlung, sobald deren öffentliche Bekanntmachung erfolgt, durch eingeschriebenen Brief besonders mitgetheilt werden. Die gleiche Mittheilung kann er über die in der Generalversammlung gefaßten Beschlüsse verlangen.

253. Die Generalversammlung wird durch den Vorstand berufen, soweit nicht nach dem Gesetz oder dem Gesellschaftsvertrag auch andere Personen dazu befugt sind.

Die Generalversammlung ist, außer den im Gesetz oder im Gesellschaftsvertrag ausdrücklich bestimmten Fällen, zu berufen, wenn das Interesse der Gesellschaft es erfordert.

(246 Abs. 2.) Der Aufsichtsrath hat eine General- c.
versammlung zu berufen, wenn dies im Interesse der Gesellschaft erforderlich ist.

254. Die Generalversammlung ist zu berufen, wenn Aktionäre, deren Antheile zusammen den zwanzigsten Theil des Grundkapitals erreichen, die Berufung schriftlich unter Angabe des Zweckes und der Gründe verlangen. Ist in dem Gesellschaftsvertrage das Recht, die Berufung der Generalversammlung zu verlangen, an den Besitz eines geringeren Antheils am Grundkapitale geknüpft, so hat es hierbei sein Bewenden.

In gleicher Weise haben die Aktionäre das Recht, zu verlangen, daß Gegenstände zur Beschlußfassung einer Generalversammlung angekündigt werden.

Wird dem Verlangen weder durch den Vorstand noch durch den Aufsichtsrath entsprochen, so kann das Gericht des Sitzes der Gesellschaft die Aktionäre, welche das Verlangen gestellt haben, zur Berufung der Generalversammlung oder zur Ankündigung des Gegenstandes ermächtigen. Zugleich kann das Gericht über die Führung des Vorsitzes in der Versammlung Bestimmung treffen. Auf die Ermächtigung muß bei der Berufung oder Ankündigung Bezug genommen werden.

Die Generalversammlung beschließt darüber, ob die entstandenen Kosten von der Gesellschaft getragen werden sollen.

190 Abs. 2. Uebernehmen die Gründer nicht alle Aktien, so haben sie nach der Zeichnung des Grundkapitals eine Generalversammlung zur Wahl des Aufsichtsraths zu berufen.

(196 Abs. 1, 2, 6.) Haben die Gründer nicht alle Aktien übernommen, so beruft das Gericht, in dessen

Bezirk die Gesellschaft ihren Sitz hat, eine Generalversammlung der in dem aufgestellten Verzeichniß aufgeführten Aktionäre zur Beschlußfassung über die Errichtung der Gesellschaft.

Die Versammlung findet unter der Leitung des Gerichts statt.

Die Beschlußfassung ist zu vertagen, wenn es von den Aktionären mit einfacher Stimmenmehrheit verlangt wird.

197. Soweit nicht in den §§. 190, 196 ein Anderes bestimmt ist, finden auf die Berufung und Beschlußfassung der vor der Eintragung der Gesellschaft stattfindenden Generalversammlungen die Vorschriften entsprechende Anwendung, welche für die Gesellschaft nach der Eintragung maßgebend sind.

260. Die Generalversammlung beschließt über d. die Genehmigung der Jahresbilanz und die Gewinnvertheilung sowie über die Entlastung des Vorstandes und des Aufsichtsraths.

(263.). Die vom Vorstand für das verflossene e. Geschäftsjahr aufgestellte Bilanz, die Gewinn- und Verlustrechnung sowie der den Vermögensstand und die Verhältnisse der Gesellschaft entwickelnde, mit den Bemerkungen des Aufsichtsraths versehene Bericht sind mindestens während der letzten zwei Wochen vor dem Tage der Generalversammlung in dem Geschäftsraume der Gesellschaft zur Einsicht der Aktionäre auszulegen.

Auf Verlangen ist jedem Aktionär spätestens zwei

Wochen vor dem Tage der Generalversammlung eine Abschrift der Bilanz, der Gewinn- und Verlustrechnung, der Bemerkungen des Aufsichtsraths und des Geschäftsberichts zu ertheilen.

An die Stelle des Tages der Generalversammlung tritt, falls die Ausübung des Stimmrechts von der Hinterlegung der Aktien abhängig ist, der Tag, bis zu dessen Ablauf die Hinterlegung zu geschehen hat.

f. **264**. Die Verhandlung über die Genehmigung der Bilanz ist zu vertagen, wenn dies in der Generalversammlung mit einfacher Stimmenmehrheit beschlossen oder von einer Minderheit, deren Antheile den zehnten Theil des Grundkapitals erreichen, verlangt wird, auf Verlangen der Minderheit jedoch nur, soweit von ihr bestimmte Ansätze der Bilanz bemängelt werden.

Ist die Verhandlung auf Verlangen der Minderheit vertagt, so kann von dieser eine erneute Vertagung nur gefordert werden, wenn über die in der früheren Verhandlung bemängelten Ansätze der Bilanz die erforderliche Aufklärung nicht ertheilt worden ist.

g. **251**. Die Beschlüsse der Generalversammlung bedürfen der Mehrheit der abgegebenen Stimmen (einfache Stimmenmehrheit), soweit nicht durch das Gesetz oder den Gesellschaftsvertrag eine größere Mehrheit oder sonstige Erfordernisse vorgeschrieben sind.

Für Wahlen können im Gesellschaftsvertrag andere Bestimmungen getroffen werden.

(275, 274 Abs. 1.) In Ermangelung einer anderen Bestimmung des Gesellschaftsvertrags bedürfen die eine Abänderung des Gesellschaftsvertrages betreffenden Beschlüsse der Generalversammlung einer Mehrheit, die mindestens drei Viertheile des bei der Beschlußfassung vertretenen Grundkapitals umfaßt.

Für eine Abänderung des Gegenstandes des Unternehmens muß diese Mehrheit erreicht sein; der Gesellschaftsvertrag kann noch andere Erfordernisse aufstellen.

Soll das bisherige Verhältniß mehrerer Gattungen von Aktien mit verschiedener Berechtigung zum Nachtheil einer Gattung geändert werden, so bedarf es neben dem Beschlusse der Generalversammlung eines in gesonderter Abstimmung gefaßten Beschlusses der benachtheiligten Aktionäre; auf diese Beschlußfassung findet die Vorschrift des Abs. 1 Anwendung. Die Beschlußfassung der benachtheiligten Aktionäre kann nur stattfinden, wenn sie ausdrücklich unter den Zwecken der Generalversammlung angekündigt worden ist.

252. Jede Aktie gewährt das Stimmrecht. Das Stimmrecht wird nach den Aktienbeträgen ausgeübt. Der Gesellschaftsvertrag kann für den Fall, daß ein Aktionär mehrere Aktien besitzt, die Ausübung des Stimmrechts durch Festsetzung eines Höchstbetrags oder von Abstufungen beschränken. Werden mehrere Gattungen von Aktien ausgegeben, so kann der Gesellschaftsvertrag den Aktien der einen

Gattung ein höheres Stimmrecht beilegen als den Aktien einer anderen Gattung.

Das Stimmrecht kann durch einen Bevollmächtigten ausgeübt werden. Für die Vollmacht ist die schriftliche Form erforderlich und genügend; die Vollmacht bleibt in der Verwahrung der Gesellschaft.

Wer durch die Beschlußfassung entlastet oder von einer Verpflichtung befreit werden soll, hat hierbei kein Stimmrecht und darf ein solches auch nicht für Andere ausüben. Dasselbe gilt von einer Beschlußfassung, welche die Vornahme eines Rechtsgeschäfts mit einem Aktionär oder die Einleitung oder Erledigung eines Rechtsstreits zwischen ihm und der Gesellschaft betrifft.

Im Uebrigen richten sich die Bedingungen und die Form der Ausübung des Stimmrechts nach dem Gesellschaftsvertrage.

h. **258.** In der Generalversammlung ist ein Verzeichniß der erschienenen Aktionäre oder Vertreter von Aktionären mit Angabe ihres Namens und Wohnorts sowie des Betrags der von Jedem vertretenen Aktien aufzustellen. Das Verzeichniß ist vor der ersten Abstimmung zur Einsicht auszulegen; es ist von dem Vorsitzenden zu unterzeichnen.

i. **259.** Jeder Beschluß der Generalversammlung bedarf zu seiner Gültigkeit der Beurkundung durch ein über die Verhandlung gerichtlich oder notariell aufgenommenes Protokoll.

In dem Protokolle sind der Ort und der Tag der Verhandlung, der Name des Richters oder Notars sowie die Art und das Ergebniß der Beschlußfassungen anzugeben.

Das nach §. 258 aufgestellte Verzeichniß der Theilnehmer an der Generalversammlung sowie die Belege über die ordnungsmäßige Berufung sind dem Protokolle beizufügen. Die Beifügung der Belege über die Berufung der Generalversammlung kann unterbleiben, wenn die Belege unter Angabe ihres Inhalts in dem Protokoll aufgeführt werden.

Das Protokoll muß von dem Richter oder Notar vollzogen werden. Die Zuziehung von Zeugen ist nicht erforderlich.

Eine öffentlich beglaubigte Abschrift des Protokolls ist unverzüglich nach der Generalversammlung von dem Vorstande zum Handelsregister einzureichen.

310. Ein Mangel, der die Bestimmungen über die Firma oder den Sitz der Gesellschaft, den Gegenstand des Unternehmens, die Bestellung oder Zusammensetzung des Vorstandes, die Form der Bekanntmachungen der Gesellschaft oder die Form der Berufung der Generalversammlung betrifft, kann durch einen den Vorschriften dieses Gesetzbuchs über eine Aenderung des Gesellschaftsvertrags entsprechenden Beschluß der Generalversammlung geheilt werden. Die Berufung der Generalversammlung erfolgt, wenn der Mangel die Bestimmungen über die Form der Berufung betrifft, durch Einrückung in diejenigen Blätter, welche für die Bekanntmachungen der Eintragungen in das Handelsregister des Sitzes der Gesellschaft bestimmt sind.

1. **266.** Die Generalversammlung kann mit einfacher Stimmenmehrheit die Bestellung von Revisoren zur Prüfung der Bilanz oder zur Prüfung von Vorgängen bei der Gründung oder der Geschäftsführung beschließen.

Ist in der Generalversammlung ein Antrag auf Bestellung von Revisoren zur Prüfung eines Vorganges bei der Gründung oder eines nicht länger als zwei Jahre zurückliegenden Vorganges bei der Geschäftsführung abgelehnt worden, so können auf Antrag von Aktionären, deren Antheile zusammen den zehnten Theil des Grundkapitals erreichen, Revisoren durch das Gericht, in dessen Bezirke die Gesellschaft ihren Sitz hat, ernannt werden.

Dem Antrag ist nur stattzugeben, wenn glaubhaft gemacht wird, daß bei dem Vorgang Unredlichkeiten oder grobe Verletzungen des Gesetzes oder des Gesellschaftsvertrags stattgefunden haben. Die Antragsteller haben die Aktien bis zur Entscheidung über den Antrag zu hinterlegen und glaubhaft zu machen, daß sie seit mindestens sechs Monaten, von der Generalversammlung zurückgerechnet, Besitzer der Aktien sind.

Vor der Ernennung sind der Vorstand und der Aufsichtsrath zu hören. Die Ernennung kann auf Verlangen von einer nach freiem Ermessen zu bestimmenden Sicherheitsleistung abhängig gemacht werden.

(267.) Der Vorstand hat in den vorstehenden Fällen des §. 266 den Revisoren die Einsicht der Bücher und Schriften der Gesellschaft und die Untersuchung des Bestandes der Gesellschaftskasse sowie der Bestände an Werthpapieren und Waaren zu gestatten.

Der Bericht über das Ergebniß der Prüfung ist von den Revisoren unverzüglich dem Handelsregister einzureichen und von dem Vorstande bei der Berufung der nächsten Generalversammlung als Gegenstand der Beschlußfassung anzukündigen. Zum Handelsregister einer Zweigniederlassung findet die Einreichung des Berichts nicht statt.

Im Falle des §. 266 Abs. 2 beschließt die Generalversammlung, ob die entstandenen Kosten von der Gesellschaft zu tragen sind. Wird der Antrag auf Ernennung von Revisoren durch das Gericht zurückgewiesen oder erweist er sich nach dem Ergebnisse der Prüfung als unbegründet, so sind die Aktionäre, welchen eine bösliche Handlungsweise zur Last fällt, für einen der Gesellschaft durch den Antrag entstehenden Schaden als Gesammtschuldner haftbar.

(268 Abs. 1.) Die Ansprüche der Gesellschaft gegen m.
die ihr aus der Gründung verpflichteten Personen oder aus der Geschäftsführung gegen die Mitglieder des Vorstandes und des Aufsichtsraths müssen geltend

gemacht werden, wenn es in der Generalversammlung mit einfacher Stimmenmehrheit beschlossen oder von einer Minderheit, deren Antheile den zehnten Theil des Grundkapitals erreichen, verlangt wird.

270. Bezüglich eines Anspruchs, dessen Geltendmachung die Minderheit auf Grund der Vorschrift des §. 268 Abs. 1 verlangt hat, ist ein Verzicht oder ein Vergleich der Gesellschaft nur dann zulässig, wenn von den die Minderheit bildenden Aktionären so viele zustimmen, daß die Aktien der übrigen nicht mehr den zehnten Theil des Grundkapitals darstellen.

(268 Abs. 2, 247.) Zur Führung des Rechtsstreits wegen der Ansprüche der Gesellschaft aus der Gründung kann die Generalversammlung besondere Vertreter wählen. Ist die Geltendmachung des Anspruchs von der Minderheit verlangt, so können die von dieser bezeichneten Personen durch das Gericht des Sitzes der Gesellschaft als deren Vertreter zur Führung des Rechtsstreits bestellt werden. Im Uebrigen bewendet es bei den Vorschriften des §. 247, wonach der Aufsichtsrath befugt ist, die Gesellschaft bei der Vornahme von Rechtsgeschäften mit den Vorstandsmitgliedern zu vertreten und gegen die letzteren die von der Generalversammlung beschlossenen Rechtsstreitigkeiten zu führen. Diese Vorschriften kommen auch dann zur Anwendung, wenn die Geltendmachung des Anspruchs von der Minderheit verlangt ist.

269. Die Geltendmachung eines Anspruchs auf

Verlangen der Minderheit muß binnen drei Monaten von dem Tage der Generalversammlung an erfolgen. Der Klage ist das Protokoll der Generalversammlung, soweit es die Geltendmachung des Anspruchs betrifft, in öffentlich beglaubigter Abschrift beizufügen.

Die Minderheit hat eine den zehnten Theil des Grundkapitals der Gesellschaft erreichende Anzahl von Aktien für die Dauer des Rechtsstreits zu hinterlegen; es ist glaubhaft zu machen, daß sich die Aktien seit mindestens sechs Monaten, von der Generalversammlung zurückgerechnet, im Besitze der die Minderheit bildenden Aktionäre befinden.

Dem Beklagten ist auf Verlangen wegen der ihm drohenden Nachtheile von der Minderheit eine nach freiem Ermessen des Gerichts zu bestimmende Sicherheit zu leisten. Die Vorschriften der Civilprozeßordnung über die Festsetzung einer Frist zur Sicherheitsleistung und über die Folgen der Versäumung der Frist finden Anwendung.

Die Minderheit ist der Gesellschaft gegenüber verpflichtet, die Kosten des Rechtsstreits zu tragen.

Für den Schaden, der dem Beklagten durch eine unbegründete Klage entsteht, haften ihm die Aktionäre, welchen eine bösliche Handlungsweise zur Last fällt, als Gesammtschuldner.

271. Ein Beschluß der Generalversammlung kann wegen Verletzung des Gesetzes oder des Gesellschaftsvertrags im Wege der Klage angefochten werden. n.

Die Klage muß binnen einem Monat erhoben werden.

Zur Anfechtung befugt ist jeder in der Generalversammlung erschienene Aktionär, sofern er gegen den Beschluß Widerspruch zum Protokoll erklärt hat, und jeder nicht erschienene Aktionär, sofern er zu der Generalversammlung unberechtigter Weise nicht zugelassen worden ist oder sofern er die Anfechtung darauf gründet, daß die Berufung der Versammlung oder die Ankündigung des Gegenstandes der Beschlußfassung nicht gehörig erfolgt sei. Eine Anfechtung, die darauf gegründet wird, daß durch den Beschluß Abschreibungen oder Rücklagen über das nach dem Gesetz oder nach dem Gesellschaftsvertrage statthafte Maß hinaus angeordnet seien, ist nur zulässig, wenn die Antheile des Aktionärs oder der Aktionäre, welche die Anfechtungsklage erheben, den zwanzigsten Theil des Grundkapitals erreichen.

Außerdem ist der Vorstand und, sofern der Beschluß eine Maßregel zum Gegenstande hat, durch deren Ausführung sich die Mitglieder des Vorstandes und des Aufsichtsraths strafbar oder den Gläubigern der Gesellschaft haftbar machen würden, jedes Mitglied des Vorstandes und des Aufsichtsraths zur Anfechtung befugt.

272. Die Klage ist gegen die Gesellschaft zu richten. Die Gesellschaft wird durch den Vorstand, sofern dieser nicht selbst klagt, und durch den Aufsichtsrath vertreten.

Zuständig für die Klage ist ausschließlich das Landgericht, in dessen Bezirke die Gesellschaft ihren Sitz hat. Die mündliche Verhandlung erfolgt nicht vor dem Ablaufe der im §. 271 Abs. 2 bezeichneten Frist. Mehrere Anfechtungsprozesse sind zur gleichzeitigen Verhandlung und Entscheidung zu verbinden.

Das Gericht kann auf Verlangen anordnen, daß der Gesellschaft wegen der ihr drohenden Nachtheile von dem klagenden Aktionär Sicherheit zu leisten ist. Art und Höhe der Sicherheit bestimmt das Gericht nach freiem Ermessen. Die Vorschriften der Civilprozeßordnung über die Festsetzung einer Frist zur Sicherheitsleistung und über die Folgen der Versäumung der Frist finden Anwendung.

Die Erhebung der Klage und der Termin zur mündlichen Verhandlung sind unverzüglich von dem Vorstand in den Gesellschaftsblättern bekannt zu machen.

273. Soweit der Beschluß durch rechtskräftiges o.
Urtheil für nichtig erklärt ist, wirkt das Urtheil auch für und gegen die Aktionäre, die nicht Partei sind. Das Urtheil ist von dem Vorstand unverzüglich zum Handelsregister einzureichen. War der Beschluß in das Handelsregister eingetragen, so ist auch das Urtheil einzutragen; die Eintragung des Urtheils ist in gleicher Weise wie die des Beschlusses zu veröffentlichen.

Für einen durch unbegründete Anfechtung des

Beschlusses der Gesellschaft entstehenden Schaden haften ihr die Kläger, welchen eine bösliche Handlungsweise zur Last fällt, als Gesammtschuldner.

Neunter Abschnitt.

Auflösung und Nichtigkeit der Aktiengesellschaft.

a. (292.) Die Aktiengesellschaft wird aufgelöst:

1. durch den Ablauf der im Gesellschaftsvertrage bestimmten Zeit;
2. durch Beschluß der Generalversammlung; der Beschluß bedarf einer Mehrheit, die mindestens drei Viertheile des bei der Beschlußfassung vertretenen Grundkapitals umfaßt; der Gesellschaftsvertrag kann noch andere Erfordernisse aufstellen;
3. durch die Eröffnung des Konkurses über das Vermögen der Gesellschaft.

Die Vorschriften über die Auflösung der Gesellschaft kommen auch zur Anwendung, wenn die Auflösung einer Aktiengesellschaft aus anderen Gründen erfolgt.

293. Die Auflösung der Gesellschaft ist außer dem Falle des Konkurses durch den Vorstand zur Eintragung in das Handelsregister anzumelden.

b. **294 Abs. 1.** Nach der Auflösung der Gesellschaft findet die Liquidation statt, sofern nicht über das Vermögen der Gesellschaft der Konkurs eröffnet ist.

295. Die Liquidation geschieht durch die Mit- c.
glieder des Vorstandes als Liquidatoren, sofern nicht durch den Gesellschaftsvertrag oder durch Beschluß der Generalversammlung andere Personen dazu bestimmt werden.

Auf Antrag des Aufsichtsraths oder von Aktionären, deren Antheile zusammen den zwanzigsten Theil des Grundkapitals erreichen, kann aus wichtigen Gründen die Ernennung von Liquidatoren durch das Gericht erfolgen, in dessen Bezirke die Gesellschaft ihren Sitz hat. Die Aktionäre haben bei Stellung des Antrags glaubhaft zu machen, daß sie seit mindestens sechs Monaten Besitzer der Aktien sind.

Die Abberufung von Liquidatoren kann durch das Gericht unter denselben Voraussetzungen wie die Bestellung stattfinden. Liquidatoren, die nicht vom Gericht ernannt sind, können durch die Generalversammlung auch vor dem Ablaufe des Zeitraums, für welchen sie bestellt sind, abberufen werden.

926. Die ersten Liquidatoren sind durch den Vorstand, jede Aenderung in den Personen der Liquidatoren ist durch die Liquidatoren zur Eintragung in das Handelsregister anzumelden. Ist bei der Bestellung der Liquidatoren eine Bestimmung über ihre Vertretungsbefugniß getroffen, so ist auch diese Bestimmung zur Eintragung anzumelden.

Der Anmeldung ist eine öffentlich beglaubigte

Abschrift der Urkunden über die Bestellung oder Aenderung beizufügen; diese Vorschrift findet auf die Anmeldung zum Handelsregister einer Zweigniederlassung keine Anwendung.

Die Eintragung der gerichtlichen Ernennung oder Abberufung von Liquidatoren geschieht von Amtswegen.

Die Liquidatoren haben die Firma nebst ihrer Namensunterschrift zur Aufbewahrung bei dem Gerichte zu zeichnen.

297. Die Liquidatoren haben unter Hinweis auf die Auflösung der Gesellschaft die Gläubiger der Gesellschaft aufzufordern, ihre Ansprüche anzumelden. Die Aufforderung ist dreimal in den Gesellschaftsblättern zu veröffentlichen.

194. Die Liquidatoren haben die laufenden Geschäfte zu beendigen, die Forderungen einzuziehen, das übrige Vermögen in Geld umzusetzen und die Gläubiger zu befriedigen; zur Beendigung schwebender Geschäfte können sie auch neue Geschäfte eingehen. Die Liquidatoren vertreten innerhalb ihres Geschäftskreises die Gesellschaft gerichtlich und außergerichtlich.

151. Eine Beschränkung des Umfanges der Befugnisse der Liquidatoren ist Dritten gegenüber unwirksam.

153. Die Liquidatoren haben ihre Unterschrift in der Weise abzugeben, daß sie der bisherigen, als Liquidationsfirma zu bezeichnenden Firma ihren Namen beifügen.

(298 Abs. 2, 3, 233 Abs. 1.) Die Liquidatoren haben innerhalb ihres Geschäftskreises die Rechte und Pflichten des Vorstandes; sie unterliegen gleich diesem der Ueberwachung durch den Aufsichtsrath.

Zu Willenserklärungen für die Gesellschaft, insbesondere zur Zeichnung, bedarf es nur dann der Mitwirkung sämmtlicher Liquidatoren, wenn nicht für die Liquidatoren im Gesellschaftsvertrag oder bei ihrer Ernennung ein Anderes bestimmt ist.

Eine Bestellung von Prokuristen findet nicht statt.

(298 Abs. 4, 236.) Eine Einschränkung in Bezug auf den Betrieb eines Handelsgewerbes oder eine Geschäftsthätigkeit in dem Handelszweige der Gesellschaft für eigene oder fremde Rechnung oder die Theilnahme an einer anderen Handelsgesellschaft als persönlich haftende Gesellschafter besteht für die Liquidatoren nicht.

(299, 260—263, 267.) Die Liquidatoren haben für den Beginn der Liquidation und weiterhin für den Schluß jedes Jahres eine Bilanz aufzustellen; das bisherige Geschäftsjahr der Gesellschaft kann beibehalten werden.

Die allgemeinen Vorschriften über die Genehmigung der Jahresbilanz und die Gewinnvertheilung sowie über die Entlastung und die Bestellung von Revisoren zur Prüfung der Bilanz durch die Generalversammlung finden mit Ausnahme der über die Gewinnvertheilung getroffenen Bestimmungen Anwendung; die allgemeinen Vorschriften über die Aufstellung der Bilanz und die Bildung eines Reservefonds bleiben außer Anwendung.

d. **300 Abs. 1.** Das nach der Berichtigung der Schulden verbleibende Vermögen der Gesellschaft wird unter die Aktionäre vertheilt.

(301.) Die Vertheilung des Vermögens darf nur erfolgen, wenn seit dem Tage, an welchem die vorgeschriebene öffentliche Aufforderung an die Gläubiger, ihre Ansprüche anzumelden, zum dritten Male stattgefunden hat, ein Jahr verstrichen ist.

Meldet sich ein bekannter Gläubiger nicht, so ist der geschuldete Betrag, wenn die Berechtigung zur Hinterlegung vorhanden ist, für den Gläubiger zu hinterlegen.

Ist die Berichtigung einer Verbindlichkeit zur Zeit nicht ausführbar oder ist eine Verbindlichkeit streitig, so darf die Vertheilung des Vermögens nur erfolgen, wenn dem Gläubiger Sicherheit geleistet ist.

300. Die Vertheilung des Vermögens erfolgt nach dem Verhältnisse der Aktienbeträge, sofern nicht mehrere Gattungen von Aktien mit verschiedener Berechtigung vorhanden sind.

Sind die Einzahlungen nicht auf alle Aktien in demselben Verhältnisse geleistet, so werden die auf das Grundkapital geleisteten Einzahlungen erstattet und ein Ueberschuß nach dem Verhältnisse der Aktienbeträge vertheilt. Reicht das vorhandene Vermögen zur Erstattung der Einzahlungen nicht aus, so haben die Aktionäre den Verlust nach dem Verhältnisse der

Aktienbeträge zu tragen; die noch ausstehenden Einzahlungen sind, soweit es hierzu erforderlich ist, einzuziehen.

302. Ist die Liquidation beendigt und die Schlußrechnung gelegt, so haben die Liquidatoren das Erlöschen der Gesellschaftsfirma zur Eintragung in das Handelsregister anzumelden. e.

Die Bücher und Papiere der Gesellschaft sind an einem von dem Gerichte des Sitzes der Gesellschaft zu bestimmenden sicheren Orte zur Aufbewahrung auf die Dauer von zehn Jahren zu hinterlegen.

Die Aktionäre und die Gläubiger können zur Einsicht der Bücher und Papiere von dem Gericht ermächtigt werden.

Stellt sich nachträglich noch weiteres der Vertheilung unterliegendes Vermögen heraus, so hat auf Antrag eines Betheiligten das Gericht des Sitzes der Gesellschaft die bisherigen Liquidatoren neu zu bestellen oder andere Liquidatoren zu berufen.

(309, 182 Abs. 2.) Enthält der Gesellschaftsvertrag nicht die nach §. 182 Abs. 2 wesentlichen Bestimmungen, nämlich f.

1. Die Firma und den Sitz der Gesellschaft;
2. den Gegenstand des Unternehmens;
3. die Höhe des Grundkapitals und der einzelnen Aktien;
4. die Art der Bestellung und Zusammensetzung des Vorstandes;

5. die Form, in der die Berufung der Generalversammlung der Aktionäre geschieht;

6. die Form, in der die von der Gesellschaft ausgehenden Bekanntmachungen erfolgen,

oder ist eine dieser Bestimmungen nichtig, so kann jeder Gesellschafter und jedes Mitglied des Vorstandes und des Aufsichtsraths im Wege der Klage beantragen, daß die Gesellschaft für nichtig erklärt werde. Die Vorschriften der §§. 272, 273 finden entsprechende Anwendung.

310. Ein Mangel, der die Bestimmungen über die Firma oder den Sitz der Gesellschaft, den Gegenstand des Unternehmens, die Bestellung oder Zusammensetzung des Vorstandes, die Form der Bekanntmachungen der Gesellschaft oder die Form der Berufung der Generalversammlung betrifft, kann durch einen den Vorschriften dieses Gesetzbuchs über eine Aenderung des Gesellschaftsvertrags entsprechenden Beschluß der Generalversammlung geheilt werden. Die Berufung der Generalversammlung erfolgt, wenn der Mangel die Bestimmungen über die Form der Berufung betrifft, durch Einrückung in diejenigen Blätter, welche für die Bekanntmachungen der Eintragungen in das Handelsregister des Sitzes der Gesellschaft bestimmt sind.

311. Ist die Nichtigkeit einer Gesellschaft in das Handelsregister eingetragen, so finden zum Zwecke der Abwickelung ihrer Verhältnisse die für den Fall der Auflösung geltenden Vorschriften entsprechende Anwendung.

Die Wirksamkeit der im Namen der Gesellschaft mit Dritten vorgenommenen Rechtsgeschäfte wird durch die Nichtigkeit nicht berührt.

Die Gesellschafter haben die versprochenen Einzahlungen zu leisten, soweit es zur Erfüllung der eingegangenen Verbindlichkeiten erforderlich ist.

303. Eine Verwerthung des Gesellschaftsvermögens durch Veräußerung des Vermögens im Ganzen ist nur auf Grund eines Beschlusses der Generalversammlung zulässig. Der Beschluß bedarf einer Mehrheit, die mindestens drei Viertheile des bei der Beschlußfassung vertretenen Grundkapitals umfaßt; der Gesellschaftsvertrag kann noch andere Erfordernisse aufstellen. g.

Der Beschluß hat die Auflösung der Gesellschaft zur Folge, sofern diese nicht bereits aufgelöst war.

Die Vorschriften der §§. 294 bis 302 kommen mit der Maßgabe zur Anwendung, daß die Liquidatoren zu denjenigen Geschäften und Rechtshandlungen befugt sind, welche die Ausführung der beschlossenen Maßregel mit sich bringt. Die Ausantwortung des Vermögens an den Uebernehmer darf nur unter Beobachtung der für die Vertheilung unter die Aktionäre nach den §§. 297, 301 geltenden Vorschriften stattfinden.

304. Wird das Vermögen einer Aktiengesellschaft als Ganzes von dem Reiche, einem Bundesstaat oder einem inländischen Kommunalverband übernommen, so kann zugleich vereinbart werden, daß die Liquidation unterbleiben soll.

Die im §. 303 Abs. 1 vorgesehene Zustimmung der Generalversammlung ist auch für eine solche Vereinbarung erforderlich.

Der Vorstand hat den Beschluß der Generalversammlung zugleich mit der Auflösung der Gesellschaft zur Eintragung in das Handelsregister anzumelden; der Anmeldung ist der mit dem Uebernehmer abgeschlossene Vertrag in Urschrift oder in öffentlich beglaubigter Abschrift beizufügen.

Der Beschluß hat keine Wirkung, bevor die Eintragung bei dem Gericht, in dessen Bezirke sich der Sitz der Gesellschaft befindet, stattgefunden hat.

Mit der Eintragung des Beschlusses gilt der Uebergang des Vermögens der Gesellschaft einschließlich der Schulden als erfolgt; die Firma der Gesellschaft erlischt.

h. (305, 290.) Wird das Vermögen einer Aktiengesellschaft als Ganzes an eine andere Aktiengesellschaft oder an eine Kommanditgesellschaft auf Aktien gegen Gewährung von Aktien der übernehmenden Gesellschaft übertragen, so bleiben bei der Erhöhung des Grundkapitals der übernehmenden Gesellschaft die sonst geltenden einschränkenden Vorschriften des §. 278 Abs. 1, des §. 280 Abs. 2, der §§. 281, 282, des §. 283 Abs. 1 sowie des §. 284 Abs. 2 Nr. 1 und Abs. 3 außer Anwendung.

Der Anmeldung der erfolgten Erhöhung des Grundkapitals zum Handelsregister ist der von der Generalversammlung der aufgelösten Gesellschaft genehmigte Vertrag über die Vermögensübertragung in Urschrift oder in öffentlich beglaubigter Abschrift beizufügen.

Auf den Umtausch der Aktien der aufgelösten Gesellschaft finden die Vorschriften des §. 290 Anwendung, wonach die mittelst Bekanntmachung in den Gesellschaftsblättern zu veröffentlichende Aufforderung zur Einreichung der Aktien die Androhung der Kraftloserklärung zu enthalten hat und die trotz erfolgter Aufforderung nicht eingereichten Aktien für kraftlos erklärt werden, sowie die sonstigen Bestimmungen über die Behandlung der neuen, an Stelle der für kraftlos erklärten Aktien ausgegebenen Aktien.

(306, 297 301.) Ist im Falle des §. 305 vereinbart, daß eine Liquidation des Vermögens der aufgelösten Gesellschaft nicht stattfinden soll, so finden die Vorschriften des §. 304 entsprechende Anwendung; außerdem gelten die folgenden besonderen Vorschriften.

Das Vermögen der aufgelösten Gesellschaft ist durch die übernehmende Gesellschaft getrennt zu verwalten.

Der bisherige Gerichtsstand der aufgelösten Gesellschaft bleibt bis zur Vereinigung der Vermögen der beiden Gesellschaften bestehen.

Bis zu demselben Zeitpunkte gilt im Verhältnisse der Gläubiger der aufgelösten Gesellschaft zu der übernehmenden Gesellschaft und deren übrigen

Gläubigern das übernommene Vermögen noch als Vermögen der aufgelösten Gesellschaft.

Die Vereinigung der beiden Vermögen darf erst erfolgen, nachdem die Gläubiger der aufgelösten Gesellschaft von der anderen Gesellschaft durch dreimalige Veröffentlichung in den Gesellschaftsblättern zur Anmeldung ihrer Forderungen aufgefordert worden sind, und nur unter Beobachtung der nach §. 301 für die Vertheilung des Vermögens unter die Aktionäre geltenden Vorschriften, wonach seit dem Tage, an welchem die öffentliche Aufforderung an die Gläubiger zur Anmeldung ihrer Forderungen zum dritten Male stattgefunden hat, ein Jahr verstrichen ist und, falls sich ein bekannter Gläubiger nicht meldet, der geschuldete Betrag für ihn zu hinterlegen ist, wenn die Berechtigung zur Hinterlegung vorhanden ist, wonach aber ferner, falls die Berichtigung einer Verbindlichkeit zur Zeit nicht ausführbar oder eine Verbindlichkeit streitig ist, die Vertheilung des Vermögens nur erfolgen darf, wenn dem Gläubiger Sicherheit geleistet ist.

Die Mitglieder des Vorstandes und des Aufsichtsraths der übernehmenden Gesellschaft sind den Gläubigern der aufgelösten Gesellschaft für die Ausführung der getrennten Verwaltung als Gesammtschuldner verantwortlich, die Mitglieder des Aufsichtsraths jedoch nur, soweit eine Vereinigung der Vermögen beider Gesellschaften mit ihrem Wissen und ohne ihr Einschreiten erfolgt.

308. Ist die Firma einer Aktiengesellschaft durch den Uebergang ihres Vermögens auf eine andere Gesellschaft oder juristische Person ohne vorgängige Liquidation erloschen, so ist eine Anfechtung des den Uebergang betreffenden Beschlusses der Generalversammlung gegen die Rechtsnachfolgerin der aufgelösten Gesellschaft zu richten.

307. Ist eine Aktiengesellschaft zum Zwecke der i.
Veräußerung ihres Vermögens im Ganzen oder zum Zwecke der Umwandlung in eine andere Gesellschaft aufgelöst worden, so kann, wenn der beabsichtigte Zweck nicht erreicht wird, die Generalversammlung die Fortsetzung der Gesellschaft beschließen.

Das Gleiche gilt in dem Falle, daß die Gesellschaft durch die Eröffnung des Konkurses aufgelöst, der Konkurs aber nach Abschluß eines Zwangsvergleichs aufgehoben oder auf Antrag des Gemeinschuldners eingestellt worden ist.

Die Fortsetzung der Gesellschaft ist von dem Vorstande zur Eintragung in das Handelsregister anzumelden.

Zehnter Abschnitt.

Strafvorschriften.

312. Mitglieder des Vorstandes oder des Auf- a.
sichtsraths oder Liquidatoren werden, wenn sie absichtlich zum Nachtheile der Gesellschaft handeln,

mit Gefängniß und zugleich mit Geldstrafe bis zu zwanzigtausend Mark bestraft.

Zugleich kann auf Verlust der bürgerlichen Ehrenrechte erkannt werden.

Sind mildernde Umstände vorhanden, so kann ausschließlich auf die Geldstrafe erkannt werden.

313. Mit Gefängniß und zugleich mit Geldstrafe bis zu zwanzigtausend Mark werden bestraft:

1. Gründer oder Mitglieder des Vorstandes oder des Aufsichtsraths, die zum Zwecke der Eintragung der Gesellschaft in das Handelsregister in Ansehung der Zeichnung oder Einzahlung des Grundkapitals, des Betrags, zu welchem die Aktien ausgegeben werden, oder der im §. 186 vorgesehenen Festsetzungen wissentlich falsche Angaben machen;
2. diejenigen, welche in Ansehung der vorerwähnten Thatsachen wissentlich falsche Angaben in einer im §. 203 bezeichneten Ankündigung von Aktien machen;
3. Mitglieder des Vorstandes oder des Aufsichtsraths, die zum Zwecke der Eintragung einer Erhöhung des Grundkapitals in das Handelsregister in Ansehung der Einzahlung des bisherigen oder der Zeichnung oder Einzahlung des erhöhten Kapitals oder in Ansehung des Betrags, zu welchem die Aktien ausgegeben werden, oder in Ansehung der im

§. 279 bezeichneten Festsetzungen wissentlich falsche Angaben machen.

Zugleich kann auf Verlust der bürgerlichen Ehrenrechte erkannt werden.

Sind mildernde Umstände vorhanden, so tritt ausschließlich die Geldstrafe ein.

314. Mitglieder des Vorstandes oder des Aufsichtsraths oder Liquidatoren werden mit Gefängniß bis zu einem Jahre und zugleich mit Geldstrafe bis zu zwanzigtausend Mark bestraft, wenn sie wissentlich

1. in ihren Darstellungen, in ihren Uebersichten über den Vermögensstand der Gesellschaft oder in den in der Generalversammlung gehaltenen Vorträgen den Stand der Verhältnisse der Gesellschaft unwahr darstellen oder verschleiern;
2. auf Namen lautende Aktien, in denen die im §. 179 Abs. 4 vorgeschriebene Angabe nicht enthalten ist, oder auf den Inhaber lautende Aktien ausgeben, bevor darauf der Nennbetrag oder, falls der Ausgabepreis höher ist, dieser Betrag voll geleistet ist;
3. Aktien oder Interimsscheine ausgeben, bevor die Gesellschaft oder im Falle einer Erhöhung des Grundkapitals die erfolgte Erhöhung in das Handelsregister eingetragen ist;
4. außer den Fällen des §. 180 Abs. 2, 3 Aktien oder Interimsscheine ausgeben, die auf einen

geringeren Betrag als eintausend Mark gestellt sind;

5. in den Fällen des §. 180 Abs. 2, 3 Aktien oder Interimsscheine ausgeben, in denen die im §. 180 Abs. 4 vorgeschriebenen Angaben nicht enthalten sind.

Im Falle der Nr. 1 kann zugleich auf Verlust der bürgerlichen Ehrenrechte erkannt werden.

Sind mildernde Umstände vorhanden, so tritt ausschließlich die Geldstrafe ein.

315. Mit Gefängniß bis zu drei Monaten und zugleich mit Geldstrafe bis zu fünftausend Mark werden bestraft:

1. die Mitglieder des Vorstandes oder die Liquidatoren sowie die Mitglieder des Aufsichtsraths, wenn länger als drei Monate die Gesellschaft ohne Aufsichtsrath geblieben ist oder in dem letzteren die zur Beschlußfähigkeit erforderliche Zahl von Mitgliedern gefehlt hat;
2. die Mitglieder des Vorstandes oder die Liquidatoren, wenn entgegen den Vorschriften des §. 240 Abs. 2 und des §. 298 Abs. 2 der Antrag auf Eröffnung des Konkursverfahrens unterblieben ist.

Sind mildernde Umstände vorhanden, so tritt ausschließlich die Geldstrafe ein.

Straflos bleibt derjenige, bezüglich dessen festgestellt wird, daß die Bestellung oder Ergänzung des Aufsichtsraths oder der Eröffnungsantrag ohne sein Verschulden unterblieben ist.

316. Wer über die Hinterlegung von Aktien b. oder Interimsscheinen Bescheinigungen, die zum Nachweise des Stimmrechts in einer Generalversammlung dienen sollen, wissentlich falsch ausstellt oder verfälscht oder von einer solchen Bescheinigung, wissend, daß sie falsch oder verfälscht ist, zur Ausübung des Stimmrechts Gebrauch macht, wird mit Gefängniß bis zu einem Jahre und zugleich mit Geldstrafe bis zu zehntausend Mark bestraft. Daneben kann auf Verlust der bürgerlichen Ehrenrechte erkannt werden. Sind mildernde Umstände vorhanden, so tritt ausschließlich die Geldstrafe ein.

317. Wer sich besondere Vortheile dafür ge- c. währen oder versprechen läßt, daß er bei einer Abstimmung in der Generalversammlung in einem gewissen Sinne stimme oder an der Abstimmung in der Generalversammlung nicht Theil nehme, wird mit Geldstrafe bis zu dreitausend Mark oder mit Gefängniß bis zu einem Jahre bestraft.

Die gleiche Strafe trifft denjenigen, welcher besondere Vortheile dafür gewährt oder verspricht, daß Jemand bei einer Abstimmung in der Generalversammlung in einem gewissen Sinne stimme oder an der Abstimmung in der Generalversammlung nicht Theil nehme.

318. Wer die Aktien eines Anderen, zu dessen d. Vertretung er nicht befugt ist, ohne dessen Einwilligung zur Ausübung des Stimmrechts in der Generalversammlung oder zur Ausübung eines der in den §§. 254, 264, 266, 268, 271, 295, 309 bezeichneten Rechte benutzt, wird mit einer Geldstrafe von zehn bis dreißig Mark für jede der Aktien, jedoch nicht unter eintausend Mark, bestraft. Die gleiche Strafe trifft denjenigen, welcher Aktien eines Anderen gegen Entgelt leiht und für diese eines der vorbezeichneten Rechte ausübt, sowie denjenigen, welcher hierzu durch Verleihung der Aktien wissentlich mitwirkt.

e. **319 Abs. 1.** Die Mitglieder des Vorstandes oder die Liquidatoren sind zur Befolgung der im §. 240 Abs. 1, im §. 246 Abs. 1, im §. 260 Abs. 2, im §. 263 Abs. 1, im §. 267 Abs. 1, 2, im §. 272 Abs. 4, im §. 299 und im §. 302 Abs. 2 enthaltenen Vorschriften von dem im §. 195 bezeichneten Gerichte durch Ordnungsstrafen anzuhalten. Die Höhe der Strafen bestimmt sich nach §. 14 Satz 2.

(14.) Die einzelne Strafe darf den Betrag von dreihundert Mark nicht übersteigen.

(319 Abs. 2.) In Betreff der im §. 195 Abs. 1, im §. 277 Abs. 1, im §. 280 Abs. 1, im §. 284 Abs. 1, im §. 304 Abs. 3 sowie im §. 305 Abs. 2 vorgesehenen Anmeldungen zum Handelsregister findet, soweit es sich um die Anmeldungen zum Handelsregister des Sitzes der Gesellschaft handelt, eine Verhängung von Ordnungsstrafen nicht statt.

Sachregister.

(Die Zahlen bezeichnen die Seiten.)

A.

Aenderung der Vertretungsbefugniß 65 f.; des Gegenstandes des Unternehmens 87; des Gesellschaftsvertrages 22, 27, 31, 37, 54, 79; des Vorstandes 65 f.
Abberufung von Liquidatoren 97 f.
Ablehnung der Errichtung der Gesellschaft 22; von Revisoren 19.
Ablauf der Dauer der Gesellschaft 96.
Abschreibungen 70, 71, 73.
Abschrift der Anträge für die Generalversammlung 82.
Abstimmung 33.
Agio 33, 49, 72.
Aktie 13, 19, 32 ff., 40 ff.
Aktienbesitz 19.
Aktienbetrag 20.
Aktienbuch 44, 59.
Aktiengattungen 33, 87.
Aktiengesellschaft 13, 21.
Aktiengesellschaft im Ausland 32.
Aktienhinterlegung 19.
Aktienkapital 32, 40.
Aktienstempelung 39.
Aktienübergang 44.
Aktienübertragung 42 ff.
Aktienzeichnung 15 f.
Aktionäre 20, 22, 54 ff.
Aktionärhaftung 48.
Aktionärverzeichniß 20.
Aktiva 72.
Amortisation 36, 53.
Amtsperiode des Ersten Aufsichtsraths 74.
Anfechtung von Beschlüssen der Generalversammlung 93 f., 107.
Anfechtungsprozesse 95.
Ankauf von Aktien 54.
Ankündigung der Generalversammlung 27, 33, 82 ff., 38, 87 f.
Anlagen 25.
Anmeldung der Gesellschaft 31 f.; zum Handelsregister 19, 21, 34, 36; zur Generalversammlung 82.
Anspruch auf den Reingewinn 60; auf Dividende 60; auf Gewinn 53; auf Vergütung 63.
Ansprüche an den Vorstand 67; der Gesellschaft 69, 91; der Gläubiger 38, 98, 100.
Anstellung von Handlungsgehilfen 80.
Antheil des Vorstandes am Jahresgewinn 70.
Antheilsrechte 30, 36, 58, 78.
Antrag auf Konkurseröffnung 69.
Anträge für die Generalversammlung 82 ff.
Aufbewahrung der Unterschrift bei Gericht 65.
Aufforderung an die Gläubiger 98, 100.
Aufgebot von Aktien 52.

Aufhebung des Konkurses 107.
Auflösung der Gesellschaft 96 ff.
Aufrechnung von Forderungen 60.
Aufsichtsrat 16, 66, 73 ff.
Aufsichtsrechte 92.
Aufstellung der Bilanz 70 ff.; des Inventars 71.
Aufwand 14.
Ausbedingung von Zinsen 60.
Ausfälle der Gesellschaft 58.
Ausgabekursus 49.
Ausgabe neuer Aktien 32 ff., 105.
Ausgeschlossene Aktionäre 59.
Auslagen der Revisoren 18.
Ausland 32.
Auslegung der Bilanz 85; des Geschäftsberichts 85.
Ausloosung von Aktien 54.
Ausscheiden von Vorstandsmitgliedern 75.
Ausstellung falscher Bescheinigungen 111.
Ausübung des Bezugsrechts 61; des Stimmrechts 82 ff., 111 f.
Außergerichtliche Vertretung 62 ff.
Außerordentliche Berufung einer Generalversammlung 83 ff.; Verluste 73.

B.

Baarzahlung 20; des Aktienbetrages 35.
Beamte 75.
Beanstandung der Bilanz 86.
Beauftragung einzelner Vorstandsmitglieder 63.
Beendigung der Liquidation 101; des Dienstverhältnisses 80.
Befreiung von Leistungen 38, 55, 59.
Befriedigung der Gläubiger 55.
Befugnisse der Liquidatoren 28; des Aufsichtsraths 75; des Prokuristen 79; des Vorstandes 28.
Beglaubigte Erklärung 44.
Bekanntmachung 13, 28 f., 39, 57 f., 66, 89, 95, 98, 105; der Generalversammlung 82 f.
Belohnung des Aufsichtsrathes 17; des Vorstandes 17.
Bemängelung der Bilanz 86.
Bemerkungen zum Jahresbericht 85.
Benutzung falscher Bescheinigungen 111.
Berechnung der Dividende 60; des Gewinnantheiles 70.
Bericht an die Generalversammlung 77; der Gründer 16 ff.; des Vorstandes an den Aufsichtsrath 76, 85.
Berichtigung der Schulden 100; von Verbindlichkeiten 100.
Berufung der Generalversammlung 13, 81 ff., 89, 102.
Beschädigte Aktien 51.
Bescheinigungen 111.
Beschluß der Aktionäre 22, 27, 81, 85 f., 89, 93 f., 107.
Beschränkung der gewerblichen Thätigkeit 80 f.; der Vertretungsbefugniß 66; der Zeichner 16, 49.
Beseitigung von Mängeln 89.
Besitz von Aktien 19.
Bestand an Effekten 91; an Kasse 91; an Waaren 77, 91; an Werthpapieren 77, 91.
Bestellung des Vorstandes 13, 63; von Gründungsrevisoren 17 f.; von Liquidatoren 97 f., 101; von Prokuristen 66, 79, 99; von Revisoren 17 ff., 90, 99; zum Mitglied des Aufsichtsraths 74.
Betrag der Aktien 13, 20, 29, 35, 41 ff., 49; des Grundkapitals 13, 28.
Betrieb der Gesellschaft 61.
Betheiligung der Aktionäre 54.

Beurkundung der Beschlüsse der Generalversammlung 88 f.
Bevollmächtigte der Aktionäre 88.
Bezugsrecht neuer Aktien 61.
Bilanz 61, 68 ff., 74, 77, 85 f., 90, 99.
Bildung des Reservefonds 72
Börsengängige Waaren 71.
Börsenpapiere 71.
Börsenpreis 40, 52, 59.
Bösliche Handlungsweise der Aktionäre 93; von Schuldnern 96.
Bücher 67, 76, 91, 101.
Bücherführung 67.
Bundesstaaten 41.

C.

Concession 20.
Compensation 60.
Communalverbände 41.

D.

Dauer der Gesellschaft 28, 96.
Deponirung von Aktien 19, 82 ff., 93.
Dienstverhältniß 80.
Dividende 46, 78.
Dotirung des Reservefonds 72.

E.

Echtheit der Indossamente 46.
Effektenbestände 91.
Einberufung einer Generalversammlung 77.
Einführung der Aktien in den Verkehr 50.
Eigene Aktien 43; Geschäfte der Vorstandsmitglieder 69; Interimsscheine 43.
Eigenthum der Gesellschaft 71.
Einlagen 14, 20, 33, 55.
Einreichung zum Handelsregister 89.
Einsicht in den Gründungsbericht 18.
Einsichtnahme in die Bücher 91.
Einstellung des Konkursverfahrens 107.
Eintragung ins Handelsregister 19, 17, 28, 31, 34, 36, 38, 40, 48, 55, 65, 96, 102, 104, 107.
Einwilligung der Gesellschaft 76.
Einzahlung 23, 58, 60, 100, 103; auf Aktien 43; des Grundkapitals 32 f., 48.
Einzelne Vorstandsmitglieder 63.
Einziehung 36, 53, 101.
Emissionskurs 49, 61.
Entlastung der Liquidatoren 99; des Aufsichtsrathes 85; des Vorstandes 75, 85.
Entschädigung der Gesellschaft 27; des Aufsichtsrathes 17; des Vorstandes 17.
Erben des Aktionärs 65.
Erfüllung von Verbindlichkeiten 103.
Erhebung der Klage 94.
Erhöhung des Grundkapitals 32, 48 f., 104.
Erklärungen des Vorstandes 63.
Erlöschen der Firma 101, 104, 107.
Erneuerungsschein 54.
Erneuerungsfonds 72.
Errichtung der Aktiengesellschaft 21 f, 48.
Erschwerung des Fortkommens 81.
Ersatz alter Aktien 39.
Ersatzpflicht des Aufsichtsraths 76 f., des Vorstandes 67 f.
Ersatzpflichtige Personen 22 ff., 27.
Erstattung von Einzahlungen 100.

Erste Generalversammlung 16, 18, 21, 74, 84.
Erster Aufsichtsrath 16 f., 74; Vorstand 17, 63.
Ertheilung einer neuen Aktie 51.
Erwerbspreis 17.
Erwerb von Grundstücken 26.

F.

Falsche Angaben 108 ff.; Bescheinigungen 111.
Festsetzung des Gesellschaftsvertrages 13 ff.
Filiale 26, 30 ff., 66, 73, 91.
Firma der Gesellschaft 13, 27 ff., 98, 101, 104, 107.
Firmenzeichnung 65, 79, 98.
Führung von Büchern 67.
Fusion 104.
Folgen der Eintragung 29, 31; der Kapitalsherabsetzung 38.
Forderungen 60, 71.
Form 40.
Fortsetzung der Gesellschaft 107.
Frist 61; für die Hinterlegung von Aktien 82.

G.

Gefängnißstrafe 108 ff.
Gegenstand des Unternehmens 13, 28, 87.
Geldstrafe 108 ff.
Geltendmachung von Ansprüchen 25, 38, 93; von Gläubigeransprüchen 38; von Gründungsansprüchen 25.
Geltung der Aktien 13.
Gemeinnütziges Unternehmen 41.
Genehmigung 20; der Bilanz 73, 85 f.; der Gewinnvertheilung 85 f.
Generalversammlung 13, 16, 25, 27, 33, 63, 66, 73 ff., 81 ff., 103 f.
Gericht 21, 44, 84, 90 f.
Gerichtliche Bekanntmachung 31; Verhandlung 15 f., 73; Vertretung 62 ff.
Geschäftsbericht 85.
Geschäftsbetrieb 25.
Geschäftsführung 62, 67, 76, 81, 98.
Geschuldete Beträge 106.
Gesellschafter 54 ff.
Gesellschaftsgläubiger 38.
Gesellschaftskapital 32 ff.
Gesellschaftskasse 77.
Gesellschaftsklage 32.
Gesellschaftsvertrag 13 ff., 22, 49, 56, 65 f., 73, 77, 88, 90, 97.
Gesellschaftsvermögen 100 f., 106.
Gesetzesverletzung 19.
Gesetzesübertretung 90.
Gesonderte Abstimmung 33, 37.
Gründer 13 ff., 22 f.
Gründergewinn 13.
Gründung 13 ff.
Gründungsansprüche 24 f., 76, 92; an den Aufsichtsrath 76; an den Vorstand 67.
Gründungsaufwand 14, 23 f.
Gründungsbericht 16 ff.
Gründungshergang 17 f., 76.
Gründungsrevisoren 17 ff.
Gründungsvorvertrag 27.
Grundkapital 13, 14, 28, 32 ff.
Grundsätze für die Aufstellung der Bilanz 71.
Grundstückserwerb 26.
Gewerbliche Thätigkeit 80 f.
Gewinnanspruch 53.
Gewinn der Gründer 13.
Gewinnantheil des Vorstandes 70.
Gewinn- und Verlustrechnung 70 ff., 85.
Gewinnvertheilung 46, 57, 85 f., 99.

Gläubiger der Gesellschaft 38, 55, 78, 98, 100, 106.
Gläubigeransprüche 38.

H.

Haftung der ausgeschlossenen Aktionäre 59; der Gründer 22 f.; der Mitaktionäre 62; des Aktionärs 48, 54, 57; des Aufsichtsraths 76 f.; des Vorstandes 67 f.; für die Gesellschaft 29; für den Prospekt 50; von Schuldnern 96.
Handelsgeschäfte der Handlungsgehilfen 80.
Handelsgesellschaft 32.
Handelsgewerbe 32, 69, 80; der Handlungsgehilfen 80; der Liquidatoren 99; der Vorstandsmitglieder 69.
Handelsregister 19, 21, 26 f., 31, 65, 73.
Handelsthätigkeit der Liquidatoren 99.
Handlungsbevollmächtigte 79 f.
Handlungsgehilfen 80 f.
Handlungsvollmacht 80.
Heilung von Mängeln 89.
Herabsetzung des Grundkapitals 37, 39, 51.
Herausgabe von Aktien 44.
Herstellungspreis 17.
Hinterlegung der Bücher 101; der Papiere 101; der Schriften 101; geschuldeter Beträge 100, 106; von Aktien 19, 82 ff., 93.
Höhe des Grundkapitals 13, 28, 32.

J.

Jahresbericht 85.
Jahresbilanz 68 f., 85 f.
Jahresgewinn 60.
Jahresrechnung 77.
Indossament 44.
Inhaber 28.
Inhaberaktie 40 ff.
Inhalt des Gesellschaftsvertrages 13 ff.
Interimsschein 36, 40 f.
Inventar 71.

K.

Kapitaleinlagen 55.
Kasse 77.
Kassenbestand 91.
Kauf von Stimmen 111.
Kaution 38.
Klage 32, 93 ff.
Konkurrenzverbot 80 f.
Konkurs 24, 60, 69, 96 f., 107.
Konkursverfahren 24.
Konkursverwalter 60.
Kosten der außerordentlichen Berufung einer Generalversammlung 84; des Rechtsstreits 93; neuer Aktien 35.
Kraftloserklärung 39, 51, 105.
Kündigung von Aktien 54.
Kurs 40, 59.

L.

Legitimation des Aktieninhabers 44.
Leistungen 38, 55, 61 f.; der Aktionäre 38; der Mitaktionäre 62; von Einzahlungen 103.
Liquidation 97 ff.
Liquidatoren 28, 97 ff., 105.

M.

Mängel 89, 102.
Majorität 18, 22, 26 f., 33, 37, 75, 79, 85 ff.
Mehrheit 18, 22, 26 f., 33, 37, 75, 79, 85 ff.
Meinungsverschiedenheiten zwi-

schen Revisoren und Gründern 18.
Minderheit 24 f., 37 f.
Minderheitsansprüche 92.
Minderheitsrechte 37 f., 83 f., 86, 91 f.
Minderjährigkeit 81.
Mindestbetrag der Aktien 40 f., 49.
Minorität 24 f., 37 f.
Minoritätsrechte 37 f.
Mißbräuchliche Ausübung des Stimmrechts 111 f.
Mitaktionäre 62.
Mittheilung der Beschlüsse der Generalversammlung 83.
Mitwirkung aller Vorstandsmitglieder 63.

N.

Nachfolge 107.
Nachgründung 25.
Nachweis des Aktienüberganges 44.
Namen 28; der Gründer 29; der Mitglieder des Ersten Aufsichtsraths 29; des Aktieninhabers 44.
Namenaktie 40 ff.
Naturalleistungen 55, 61.
Nennbetrag 49.
Neue Aktien 32, 39, 61, 105.
Nichtigkeit der Gesellschaft 101 f.; der Zeichnungsscheine 48; von Aktien 42.
Nichtigkeitserklärung 95.
Nominalbetrag 49.
Notarielle Verhandlung 15 f, 44, 73.

O.

Obliegenheiten der Liquidatoren 98 f.; des Aufsichtsraths 17, 75 ff.; des Vorstandes 17, 67 ff., 107.
Oeffentliche Aufforderung 38 f., 50 f., 55, 57 f.; Körperschaften 41; Versteigerung 40, 52, 59.
Oeffentliches Aufgebot 52.
Ordentliche Berufung der Generalversammlung 81 ff., 89; Generalversammlung 81 ff.
Ordentlicher Geschäftsmann 23, 67, 76 f.
Ordnungsstrafen 112.

P.

Papiere 101.
Passiva 72.
Personennamen 28.
Pflichten der Aktionäre 55; der Gesellschaft 32; der Liquidatoren 98 f.; des Vorstandes 67 ff., 107; des Vorstandes **und** des Aufsichtsrathes 17.
Preis 17, 59.
Prokura 79.
Prokuristen 66, 79, 99.
Prospekthaftung 50.
Protokoll der Beschlüsse der Generalversammlung 88 f.
Prozesse 93 ff.
Prüfung der Bilanz 90, 77; des Gründungsherganges 17 f., 76.
Prüfungsbericht 29.

R.

Recht zur Berufung einer Generalversammlung 81, 83 ff.
Rechte der Aktionäre 81 ff.; der Gesellschaft 32; der Gesellschaftsgläubiger im Konkurs 60; des Vorstandes 70.
Rechtsfolgen der Erhöhung des Grundkapitals 37.
Rechtsgeschäfte 75, 88, 92, 103.
Rechtskräftiges Urtheil 95.
Rechtsnachfolgerin der Gesellschaft 107

Rechtsstellung der Gesellschaft 32.
Rechtsstreitigkeiten 75, 88, 92.
Rechtzeitige Einzahlung 57.
Reduktion des Grundkapitals 37, 39, 51.
Reich 41.
Reingewinn 60 f., 72 f., 78.
Reservefonds 72, 100.
Revisoren 17 ff., 29, 90, 99.
Rückforderung der Einlagen 57.
Rücklagen 70.
Rückstände 33.
Rückzahlung von Gewinnantheilen 57; von Zinsen 57.

S.

Sacheinlagen 14, 46.
Schadensersatz der Gründer 23.
Schadensersatzpflicht der Handlungsgehilfen 80; des Vorstandes 67 ff.; des Aufsichtsraths 76 f.
Schlußrechnung 101.
Schriften 76.
Schulden der Gesellschaft 69, 71, 100.
Sicherheitsleistung 38, 91, 93, 95, 100, 106.
Sicherstellung der Gläubiger 55.
Simultangründung 13.
Sitz der Gesellschaft 13, 19, 28, 95.
Solidarhaft 23, 29, 55, 67 f., 76; der Aktionäre 55; der Mitglieder des Aufsichtsraths 76; des Vorstandes 67 f.
Sorgfalt eines ordentlichen Geschäftsmannes 23, 67, 76 f.
Staatliche Genehmigung 20, 35.
Stand der Aktieninhaber 44; der Gründer 29; der Mitglieder des Ersten Aufsichtsraths 29.
Stellvertreter von Vorstandsmitgliedern 75.
Stellvertretung von Vorstandsmitgliedern 70.
Stempel 39.
Stempelung der Aktien 51.
Stimmenmehrheit 82, 86 ff.
Stimmkauf 111.
Stimmrecht 82 ff., 111 f.
Stimmverhältniß der Aktiengattungen 87.
Strafvorschriften 19, 107 ff.
Streitige Verbindlichkeiten 100.
Successivgründung 15 f., 21.

T.

Tagesordnung der Generalversammlung 82 ff.
Tantième 70, 78.
Theilnahme an der Generalversammlung 82, 88.

U.

Uebergangsbestimmungen 27 f.; 40, 53, 62, 70.
Ueberschuß 100.
Uebertragung der Aktien 42 ff. der Antheilsrechte 30, 36, 56, 59; der Handlungsvollmacht 80; des Vermögens 105.
Ueberwachung der Gesellschaft 76; der Liquidatoren 99.
Umtausch von Aktien 39, 51, 105.
Umwandlung von Aktien 43.
Unbegründete Klagen 93.
Uneinbringliche Forderungen 71.
Unerlaubte Handlungen des Aufsichtsrathes 77 f.; des Vorstandes 67 f.
Unredlichkeiten 19, 90.
Unterschrift der Vorstandsmitglieder 65; der Liquidatoren 98.
Untersuchung des Bestandes der Kasse 91.
Unterzeichnung der Aktien 40.

Unverbindlichkeit der Aktienzeichnung 49.
Unwahre Darstellungen 109.
Urkunden 20.
Urtheil 95.

V.

Verantwortlichkeit der Gründer 22 f.; des Aufsichtsraths 75.
Veräußerung des Vermögens 103 f.
Verbindlichkeiten der Gesellschaft 54, 57, 100, 103.
Verbindung von Anfechtungsprozessen 95.
Vereinigung von Vermögen 106.
Vergleich 24 f.
Vergütung 18, 25, 78 f.; der Revisoren 18; des Aufsichtsraths 78 f.; des Ersten Aufsichtsraths 74; des Vorstandes 63; von Naturalleistungen 61.
Verhältnisse der Gesellschaft 70.
Verhandlung 15 f.
Verhandlungsgegenstände der Generalversammlung 82.
Verjährung 24 f., 57, 67 ff., 76, 78, 80.
Verkauf zum Börsenpreis 59.
Verletzung des Gesellschaftsvertrages 19, 90, 93; des Gesetzes 19, 90, 93.
Verlorene Aktien 52.
Verlust der bürgerlichen Ehrenrechte 108 ff.; der Einzahlungen 58; der Gesellschaft 68, 72, 100; des Antheilsrechts 58.
Verlustrechnung 70 ff., 85.
Vermehrung des Grundkapitals 32, 48 f., 104.
Verminderung des Grundkapitals 37, 39, 51.
Vermögen 100 ff.; der Gesellschaft 46, 69, 100 f.
Vermögensgegenstände 71.
Vermögensstand der Gesellschaft 70.
Vermögensübertragung 105.
Vermögensverwaltung 105 f.
Vernichtete Aktien 52.
Veröffentlichung der Bilanz 73; der Eintragung 28; des Urtheils 95.
Verpflichtete 24.
Verpflichtung der Zeichner 48.
Versäumniß rechtzeitiger Einzahlung 57.
Verschiedenheit der Aktien 33.
Verschleierungen 109.
Versicherungsgesellschaften 32 f.
Versteigerung von Aktien 40.
Vertagung der Beschlußfassung 22, 85 f.
Vertheilung des Vermögens 46, 100, 103, 106.
Vertragsstrafen 56 f.
Vertreter der Aktionäre 62.
Vertretung der Gesellschaft 28; der Gesellschaft 62 ff., 75; der Gesellschaft bei Klagen 94; der Mitglieder des Aufsichtsraths 77.
Vertretungsbefugniß 63 ff., 97 f.; der Liquidatoren 97 f.
Verunstaltete Aktien 51.
Verwaltungsrechte der Aktionäre 62.
Verwendung des Reingewinns 73.
Verwerthung des Vermögens 103 f.; von Aktien 39.
Verzeichniß der Aktionäre 20, 55, 88; der Zeichner 35.
Verzicht auf Ersatzansprüche 78; auf Gründungsansprüche 24; auf Minderheitsansprüche 92.
Verzichtleistung 24, 78, 92.
Voller Betrieb der Gesellschaft 61.
Vollmacht 80.
Vorbereitung der Gesellschaft 61.
Vorlage der Bücher und Schriften 76.

Vornahme von Rechtsgeschäften 75, 92.
Vorschläge zur Gewinnvertheilung 77.
Vorsitz in der Generalversammlung 84.
Vorstand 13, 17, 31, 62 ff., 92, 104, 107.
Vorstandsbericht 70.
Vorzugsaktien 33, 46, 49, 87, 100.
Vorzugsrechte 73.

W.

Waaren 71, 77.
Waarenbestände 91.
Wahlen 16, 63, 73 f., 86.
Wahl des Aufsichtsraths 73 f.; des Ersten Aufsichtsraths 16, 74; des Vorstandes 63.
Weiterführung der Firma 28.
Werth der Leistungen 61; des Eigenthums der Gesellschaft 71.
Werthpapiere 77, 91.
Widerruflichkeit der Vorstandsbestellung 63.
Willenserklärungen der Gesellschaft 63 ff., 99; des Vorstandes 63.
Wirksamkeit von Rechtsgeschäften 103.
Wirkung der Willenserklärung des Vorstandes 64 f.
Wohnort der Aktieninhaber 44; der Gründer 29; der Mitglieder des Ersten Aufsichtsraths 29.

Z.

Zahlungen 20, 43, 57, 59; an die Aktionäre 38.
Zahlungsaufforderung 59.
Zahlungsleistung 59.
Zahlungssperre 52.
Zahlungsunfähigkeit der Gesellschaft 69; eines Aktionärs 23; Verpflichteter 24.
Zeichner 16, 48.
Zeichnung der Aktien 15 f., 47 ff.; des Vorstandes 63.
Zeichnungsschein 15 f., 20, 34, 47 f.
Zeitdauer der Gesellschaft 28.
Zeugen 89.
Zinsen 57, 61.
Zinszahlung 57.
Zulässigkeit der Anfechtung von Beschlüssen der Generalversammlung 93 f.
Zurückforderung der Einlagen 57.
Zurückzahlung von Gewinnantheilen 57; von Zinsen 57.
Zusammensetzung des Aufsichtsraths 73; des Vorstandes 13, 63.
Zuständigkeit für Klagen 95.
Zustimmung der Aktionäre 22; der Generalversammlung 24, 42, 103 f.; der Gesellschaft 44; des Aufsichtsraths 42, 44, 66; des Vorstandes 44.
Zutheilung neuer Aktien 61.
Zwangsvergleich 107.
Zwangsvollstreckung 26.
Zweck der Generalversammlung 33, 82, 87.
Zweifelhafte Forderungen 71.
Zweigniederlassung 26, 30 ff. 66, 73, 91.
Zwischenbilanz 68 f.

Herrosé & Ziemsen, Gräfenhainichen.

Guttentag'sche Sammlung

Deutscher Reichsgesetze.

Text-Ausgaben mit Anmerkungen. Taschenformat.

---

1. **Verfassung** des Deutschen Reichs. Von Dr. **L. von Rönne.** Achte neubearbeitete Auflage. 1 M. 60 Pf.

2. **Strafgesetzbuch** für das Deutsche Reich. Nebst den gebräuchlichsten Reichs-Strafgesetzen. Von Dr. **H. Rüdorff.** Neunzehnte Auflage von Dr. **H. Appelius,** Staatsanwaltschaftsrath. Geb. 1 M. 20 Pf.

3. **Militärstrafgerichtsordnung** nebst Einführungsgesetz und Gesetz, betr. die Dienstvergehen der richterlichen Militärjustizbeamten und die unfreiwillige Versetzung derselben in eine andere Stelle oder in den Ruhestand. Nebst den erlassenen Ausführungs-Verordnungen. Von Dr. **P. Herz,** Geh. Admiralitätsrath. Zweite Auflage. Geb. Im Druck.

4. **Handelsgesetzbuch vom 10. Mai 1897** unter Ausschluß des Seerechts. Mit den ergänzenden Vorschriften des Bürgerlichen Gesetzbuchs und Erläuterungen herausgegeben von **F. Litthauer,** Justizrath. Elfte unveränderte Auflage. 2 M. 25 Pf.

5. Allgemeine Deutsche **Wechselordnung.** Siebente Auflage von Dr. **E. Ball,** Rechtsanwalt, und das Reichsgesetz über die **Wechselstempelsteuer.** Sechste Auflage von Reg.-Assessor **P. Loeck.** 2 M.

6. **Reichs-Gewerbe-Ordnung** nebst Ausführungsbestimmungen, den Bestimmungen über den Arbeiterschutz, der Organisation des Handwerks und des Lehrlingswesens. Von Dr. **Wilhelmi,** Geh. Ober-Regierungsrath. Fünfzehnte Auflage. 2 M. 80 Pf.

7. Die deutsche **Post- und Telegraphen-Gesetzgebung.** Von Dr. **P. D. Fischer,** Unterstaatssekretär im Reichs-Postamt. Vierte Auflage. 2 M. 60 Pf.

8. Die Reichsgesetze über den **Unterstützungswohnsitz,** die **Freizügigkeit,** den **Erwerb** und **Verlust** der **Bundes- und Staatsangehörigkeit,** nebst allen landesgesetzlichen Bestimmungen. Von Geheimrath Dr. **J. Krech.** Vierte Auflage. 2 M. 25 Pf.

9a. Sammlung **kleinerer privatrechtlicher Reichsgesetze.** Von **F. Vierhaus,** Geh. Ober-Justizrath. Zweite Auflage in Vorbereitung.

9b. Sammlung **kleinerer strafrechtlicher Reichsgesetze.** Von **M. Werner,** Geh. Ober-Regierungsrath. Zweite Auflage im Druck.

10. Das **Reichsbeamtengesetz** vom 31. März 1873 und seine Ergänzungen. Erläutert von **J. Pieper,** Geh. Ober-Regierungsrath. 3 M. 30 Pf.

11. **Civilprozeßordnung mit Einführungsgesetzen,** Nebengesetzen und Ergänzungen in der Fassung des Gesetzes vom 17. Mai 1898. Unter besonderer Be-

rücksichtigung der Entscheidungen des Reichsgerichts herausgegeben mit Anmerkungen von **R. Sydow**, Direktor im Reichs-Postamt und **L. Busch**, Kammergerichtsrath. Achte Auflage. 8⁰. Geb. 4 M.

Dieser Band ist in größerem Format erschienen!

12. **Strafprozeßordnung nebst Gerichtsverfassungsgesetz** in der vom 1. Januar 1900 ab geltenden Fassung, **nebst dem Gesetz, betreffend die Entschädigung der im Wiederaufnahmeverfahren freigesprochenen Personen.** Von **A. Hellweg**, Reichsgerichtsrath. Zehnte Auflage. Geb. in ganz Leinen 2 M.

13. **Konkursordnung und Anfechtungsgesetz** mit Einführungsgesetz, Nebengesetzen und Ergänzungen. Unter besonderer Berücksichtigung der Entscheidungen des Reichsgerichts herausgegeben mit Anmerkungen von **R. Sydow** und **L. Busch.** Achte Auflage. Geb. 1 M. 80 Pf.

14. **Gerichtsverfassungsgesetz** mit Einführungsgesetz und Nebengesetzen. Herausgegeben von **R. Sydow** und **L. Busch.** Achte Auflage. 1 M. 20 Pf.

15. **Gerichtskostengesetz und Gebührenordnung für Gerichtsvollzieher, Gebührenordnung für Zeugen und Sachverständige.** Mit Kostentabellen. Von **R. Sydow** und **L. Busch.** Sechste Auflage in Vorbereitung.

16. **Rechtsanwaltsordnung** für das Deutsche Reich. Von **R. Sydow.** Vierte Auflage bearbeitet von Gerichtsassessor Dr. **Mosler.**

17. Die **deutsche Gebührenordnung für Rechtsanwälte und das preußische Gebührengesetz** vom 27. September/6. October 1899. Herausgegeben mit Kostentabellen von **R. Sydow** und **L. Busch.** Sechste erweiterte Auflage. Geb. 1 M. 50 Pf.

18. **Reichsstempelgesetz (Börsensteuergesetz)** mit Ausführungsvorschriften, Tabellen, den Entscheidungen der Verwaltungsbehörden und des Reichsgerichts. Siebente Auflage von **P. Loeck,** Regierungs-Assessor. 3 M. 30 Pf.

19. Die **Seegesetzgebung.** Nebst den Entscheidungen des Reichsoberhandelsgerichts, des Reichsgerichts und der Seeämter. Von Dr. **W. E. Knitschky,** Landgerichtsrath. Zweite Auflage. 3 M. 80 Pf.

20. **Krankenversicherungsgesetz** vom 10. April 1892. Von Dr. **E. von Woedtke,** Direktor im Reichsamt des Innern. Siebente Auflage. 2 M.

21. Die **Konsulargesetzgebung** des Deutschen Reiches. Von Professor Dr. **Ph. Zorn.** Vergriffen.

22a. **Patentgesetz. Gesetz, betreffend den Schutz von Gebrauchsmustern. Gesetz, betreffend das Urheberrecht an Mustern und Modellen.** Nebst Ausführungsbestimmungen. Unter Berücksichtigung der Rechtsprechung des Reichsgerichts und der Praxis des Patentamts. Von Dr. **R. Stephan,** Geh. Regierungsrath, Abtheilungs-Vorsitzenden des Kaiserlichen Patentamts. Fünfte vermehrte Auflage. Geb. 2 M.

22b. **Gesetz zum Schutz der Waarenbezeichnungen. Nebst Ausführungsbestimmungen.** Von Dr. **R. Stephan,** Regierungsrath. Vierte vermehrte Auflage. 1 M.

23. **Unfallversicherungsgesetz** und **Gesetz über die Ausdehnung** der Unfall- und Krankenversicherung. **Von** Dr. **E. von Woedtke,** Direktor im **Reichsamt** des Innern. Fünfte Auflage. 2 M.

24. **Aktiengesellschaft und Kommanditgesellschaften auf Aktien.** Mit erläuternden Anmerkungen von **Geh.** Justizrath **Hugo Keyßner** und Rechtsanwalt Dr. **H. Veit Simon.** Fünfte Auflage. Handelsgesetzbuch, II. Buch, Abschnitt 3 und 4 bearbeitet von Dr. **Hugo Keyssner** u. **L. Keyssner.** Geb. 2 M. 25 Pf.

25. **Reichsgesetz** wegen **Erhebung der Brausteuer** vom 31. Mai 1872 mit Ausführungsvorschriften. **Von E. Bertho,** Regierungsrath. 1 M. 60 Pf.

26. Die Reichsgesetzgebung über **Münz- und Notenbankwesen,** Papiergeld, Prämienpapiere und Reichsanleihen. Von Dr. jur. **R. Koch,** Präsident des Reichsbankdirektoriums. Dritte Auflage. 2 M. 80 Pf.

27. Reichsgesetzgebung, betr. das **Gesundheitswesen** für Behörden, Aerzte ꝛc. Von Dr. jur. **C. Goesch** und Dr. med. **J. Karsten.** 1 M. 60 Pf.

28. Reichsgesetz, betr. die **Unfallversicherung der bei Bauten beschäftigten Personen.** Zweite Auflage. Unter Berücksichtigung der Rechtsprechung des **Reichs**-Versicherungsamts bearbeitet von **R. Chrzescinski,** Kaiserl. Regierungsrath. 1 M. 60 Pf.

29. Reichsgesetz, betr. die **Erwerbs- und Wirthschaftsgenossenschaften.** In der vom 1. Januar 1900 ab geltenden Fassung. Von **L. Parisius** und Dr. **H. Crüger.** Achte Auflage. Geb. 1 M. 50 Pf.
30. **Invalidenversicherungsgesetz** in der Fassung vom 19. Juli 1899. Nebst Ausführungsbestimmungen. Von Dr. **E. v. Woedtke,** Director im Reichsamt des Innern. Siebente Auflage. Geb. 2 M. 50 Pf.
31. Reichsgesetz, betr. die **Gewerbegerichte.** Von **L. Mugdan.** Vierte Auflage. Bearbeitet von **Cuno,** Stadtrath und stellvertretender Vorsitzender des Gewerbegerichts zu Königsberg i. Pr. 1 M. 80 Pf.
32. Reichsgesetz, betr. die **Gesellschaften mit beschränkter Haftung.** In der vom 1. Januar 1900 ab geltenden Fassung. Von **L. Parisius** und Dr. **H. Crüger.** Vierte vermehrte und verbesserte Auflage. 1 M.
33. Das **Vereins- und Versammlungsrecht** in Deutschland. Von Dr. **E. Ball,** Rechtsanwalt. 2 M. 25 Pf.
34. Reichsgesetz, betreffend die **Abzahlungsgeschäfte.** Vom 16. Mai 1894. Von **J. Hoffmann,** Geheimer Regierungsrath. 95 Pf.
35. Die **Reichs-Eisenbahngesetzgebung.** Von **W. Coermann,** Kaiserl. Amtsrichter. 2 M. 25 Pf.
36. Gesetze, betr. die **privatrechtlichen Verhältnisse der Binnenschiffahrt und der Flößerei.** Nach den Materialien erläutert von **H. Makower.** Unter Berücksichtigung der am 1. Januar 1900 in Kraft tretenden Reichsgesetze bearbeitet von **E. Löwe,** Landgerichtsrath. Zweite veränderte Auflage. 2 M.

37. **Gesetz zur Bekämpfung des unlauteren Wettbewerbes.** Vom 27. Mai 1896. Von Dr. **R. Stephan,** Regierungsrath. Zweite Auflage. 80 Pf.

38/39. **Bürgerliches Gesetzbuch nebst Einführungsgesetz.** In Verbindung mit Professor Dr. **André,** Amtsgerichtsrath **Greiff,** Amtsrichter **Ritgen,** Landgerichtsrath Dr. **Unzner** herausgegeben von Reichsgerichtsrath Dr. **A. Achilles.** Zweite vermehrte Auflage. 8°. Geb. 5 M. 50 Pf.

Dieser Band ist in größerem Format erschienen!

40. Gesetz, betr. die **Pflichten der Kaufleute bei Aufbewahrung fremder Werthpapiere (Depotgesetz).** Mit Erläuterungen, Einleitung und Sachregister. Von **F. Lusensky,** Geh. Regierungsrath. 90 Pf.

41. **Börsengesetz.** Vom 22. Juni 1896. Nebst den dazu erlassenen Ausführungsbestimmungen. Unter Mitwirkung des Geh. Ober-Regierungsrathes **A. Wermuth** bearbeitet von **H. Brendel,** Gerichts-Assessor, Hülfsarbeiter im Reichsamt des Innern. 1 M. 50 Pf.

42. **Grundbuchordnung** für das Deutsche Reich nebst den preußischen Ausführungsbestimmungen. Mit Einleitung von Professor Dr. **O. Fischer.** Zweite Auflage. Geb. 1 M. 80 Pf.

43. Die Gesetzgebung, betr. die **Zwangsvollstreckung in das unbewegliche Vermögen** im Reiche und in Preußen. Mit Einleitung, Kosten- und Gebührentabellen. Von Dr. **J. Krech,** Kaiserl. Geh. Regierungsrath und Professor Dr. **O. Fischer.** Zweite vermehrte Auflage. Geb. 2 M.

44. Das Reichsgesetz über das **Auswanderungswesen** vom 9. Juni 1897 nebst Ausführungsverordnungen und Anlagen. Nach den Materialien und unter Benutzung amtlicher Quellen erläutert von Professor Dr. **Felix Stoerk.** 2 M. 25 Pf.

45. **Das Entmündigungsrecht** unter Mitberücksichtigung der für Preußen geltenden Vorschriften (nebst der preußischen Justiz-Ministerial-Verfügung vom 28. November 1899). Text der civil- und prozeßrechtlichen Bestimmungen und Erläuterungen von Landrichter Dr. **P. Koll** in Cöln. Geb. 1 M. 50 Pf.

46. Die Gesetze des Reichs und Preußens über die **freiwillige Gerichtsbarkeit.** Mit Einleitung und Erläuterungen von **Herm. Jastrow,** Amtsgerichtsrath. Zweite erweiterte Ausgabe. Im Druck.

47. Das **deutsche Vormundschaftsrecht** und das preuß. Gesetz, betr. die Unterbringung verwahrloster Kinder vom 13. März 1878 nebst den dazu gehörigen Nebengesetzen und allgemeinen Verfügungen. Mit Einleitung und Erläuterungen von **Max Schultzenstein,** Oberverwaltungsgerichtsrath und Amtsgerichtsrath Dr. **Paul Köhne.** 2 M. 80 Pf.

48. Gesetze und Verordnungen, betreffend den **Drogen-, Gift- und Farbenhandel** außerhalb der Apotheken unter besonderer Berücksichtigung des Königreichs Preußen. Von Dr. **Broh,** Rechtsanwalt. 1 M. 25 Pf.

49. Die **Kolonialgesetzgebung.** Von Prof. Dr. **Philipp Zorn.** (In Vorbereitung.)

50. **Der Viehkauf** (Viehgewährschaft) nach dem Bürgerlichen Gesetzbuche von Rechtsanwalt Dr. **Hans Stölzle.** Nebst Anhang: Verordn. betr. Hauptmängel und Gewährsfristen beim Viehhandel. Erläutert von Kreisthierarzt **H. Weiskopf.** Zweite Auflage. Geb. 2 M.

51. **Hypothekenbankgesetz** vom 18. Juli 1899. Von Dr. **Heinrich Göppert,** Gerichts-Assessor. Geb. in ganz Leinen 1 M. 80 Pf.

52. Gesetz, betreffend die gemeinsamen **Rechte der Besitzer von Schuldverschreibungen.** Vom 4. Dezember 1899. Von Dr. **Heinrich Göppert.** In Vorbereitung.

53. **Reichspreßgesetz** vom 7. Mai 1874 nebst den einschlägigen Bestimmungen des Reichsstrafgesetzbuchs, der Gewerbeordnung u. s. w. Kommentar von **A. Born,** Polizeiassessor. Geb. 1 M. 50 Pf.

54. Die Reichsgesetzgebung über den Verkehr mit **Nahrungsmitteln, Genußmitteln** und **Gebrauchsgegenständen.** Von Dr. **Lebin,** Nahrungsmittelchemiker. In Vorbereitung.

Preußische Gesetze.

1. **Verfassungs-Urkunde** für den Preußischen Staat nebst Ergänzungs- und Ausführungs-Gesetzen. Mit Einleitung und Kommentar von Prof. Dr. **Adolf Arndt.** Dritte Auflage. 2 M. 25 Pf.

2. Preußische **Beamten-Gesetzgebung.** Enthaltend die wichtigsten Beamtengesetze in Preußen. Von **C. Pfafferoth.** Dritte Auflage. 1 M. 50 Pf.

3. Die **Zwangsvollstreckung in das unbewegliche Vermögen.** Von Geh. Rath Dr. **J. Krech,** und Prof. Dr. **O. Fischer.** »Siehe Reichsgesetz Nr. 43.«

4. Die **Gebührenordnung** für **Notare.** Von **R. Sydow.** Zweite Auflage herausgegeben von Gerichtsassessor Dr. **Mosler.** Im Druck.

5. Gesetz vom **24. April 1854 (betr. die außereheliche Schwängerung)** und die daneben geltenden Bestimmungen des Allgemeinen Landrechts. Von Dr. **Schulze.** 75 Pf.

6. Die Preußischen **Ausführungsgesetze und Verordnungen zu den Reichs-Justizgesetzen.** Von **R. Sydow.** Dritte vermehrte Auflage. 2 M. 40 Pf.

7. **Allg. Gerichtsordnung** und Preuß. **Konkursordnung.** Von **F. Vierhaus,** Geh. Ober-Justizrath. 2 M. 50 Pf. Vergriffen.

8. **Vormundschaftsordnung** vom 5. Juli 1875, nebst allen Nebengesetzen. Von Oberverwaltungsgerichtsrath **Schultzenstein.** »Siehe Reichsgesetz Nr. 47.«

9. Die Preußische **Grundbuchgesetzgebung.** Von Prof. Dr. **Fischer.** »Siehe Reichsgesetz Nr. 42.«

10. **Einkommensteuergesetz.** Vom 24. Juni 1891. Von Geheimrath **Meitzen.** Vierte vermehrte Auflage von **A. Fernow,** Ober-Regierungsrath. 1 M. 50 Pf.

11. **Gewerbesteuergesetz.** Vom 24. Juni 1891. Von **A. Fernow,** Ober-Regierungsrath. Dritte vermehrte Auflage. 1 M. 25 Pf.
12. **Allgemeines Berggesetz** für die Preußischen Staaten. Von **E. Engels,** Ober-Bergrath. Zweite Auflage. 1 M. 60 Pf.
13. **Ergänzungssteuergesetz** (Vermögenssteuergesetz). Vom 14. Juli 1893. Von **A. Fernow,** Ober-Regierungsrath. Zweite vermehrte Auflage. 1 M.
14. **Kommunalabgabengesetz.** Vom 14. Juli 1893, und Gesetz wegen Aufhebung direkter Staatssteuern. Vom 14. Juli 1893. Von **F. Adickes,** Oberbürgermeister. Zweite Auflage. 1 M. 25 Pf.
15. Die **Kreisordnungen** für den Preußischen Staat. Von **O. Kolisch,** Landgerichtsrath. 4 M.
16. Preuß. Ausführungs-Anweisung zu §§. 16 u. ff. der Reichs-Gewerbe-Ordnung, betr. **Genehmigung gewerblicher Anlagen.** Von Dr. **von Rüdiger,** Regierungs- und Gewerberath. 1 M. 50 Pf.
17. Preußisches **Gerichtskostengesetz.** In der Fassung der Bekanntmachung vom 6. Oktober 1899. Mit Kostentabellen. Von Dr. **P. Siméon,** Landrichter. Dritte Auflage. Geb. in ganz Leinen. 1 M. 80 Pf.
18. Preußisches **Stempelsteuergesetz.** Vom 31. Juli 1895. Nebst den Ausführungsbestimmungen und ausführlichen Tabellen. Von **B. Gaupp,** Geh. Regierungsrath und Regierungsassessor **P. Loeck.** Vierte Auflage. 3 M. 30 Pf.

19. **Jagdscheingesetz.** Vom 31. Juli 1895. Mit ausführlichen Erläuterungen nebst der Ausführungsanweisung vom 2. August 1898 und den Gesetzbuchmaterialien. Von **F. Kunze**, Wirklichem Geh. Ober-Reg.-Rath. Zweite Auflage. Geb. 2 M.
20. Gesetz, betr. die **Erbschaftssteuer.** Vom 19./24. Mai 1891 unter Berücksichtigung der Novelle vom 31. Juli 1895. Mit ausführlichen Erläuterungen von **P. Loeck**, Regierungsassessor. 1 M. 80 Pf.
21. Gesetz über die **Handelskammern.** Vom 19. August 1897. Mit Erläuterungen, geschichtlicher Einleitung sowie einer Uebersicht des Bestandes der kaufmännischen Vertretungen. Von **F. Lusensky**, Geh. Regierungsrath und vortragender Rath im Ministerium für Handel und Gewerbe. 3 M.
22. Gesetz, betr. **Anstellung und Versorgung der Kommunalbeamten.** Vom 30. Juli 1899. Mit einem Anhang, enthaltend die Ministerialanweisung vom 12. October 1899. Von Dr. **W. Ledermann**, Magistratsassessor zu Berlin. 1 M. 25 Pf.
23. **Ausführungsgesetz zum Bürgerlichen Gesetzbuche.** Von Landrichter Dr. **P. Siméon.** 1 M. 60 Pf.
24. Die **Hinterlegungsordnung** vom 14. März 1879 in der Fassung des preußischen Ausführungsgesetzes zum Bürgerlichen Gesetzbuch vom 20. September 1899. Nebst Ausführungsbestimmungen. Unter Benutzung der amtlichen Entscheidungen und Erlasse des Finanzministers. Von Regierungsassessor Dr. **Georg Bartels.** (Im Druck.)

MIX
Papier | Fördert gute Waldnutzung
FSC® C083411

Kolibri 360 GmbH
Ferdinand-Jühlke-Straße 7
99095 Erfurt, Deutschland
produktsicherheit@kolibri360.de